2026 대비

청원경찰 공채·경력채용 및 경비지도사 시험 대비

시험 꼭! 청원경찰법!

청원경찰법 유튜브 무료 동영상 강의

▶ 유튜브 동영상 강의 검색 : 정명재 자격증 닷컴
동영상 강의 사이트 정명재 자격증 닷컴(https://licensejmj.com/)

PREFACE

시험은 기술이다.
기출문제를 통해 출제 경향을 파악할 수 있으며, 반복학습은 합격에 이르는 가장 빠른 지름길이다.
법령 공부는 무조건 암기하는 것이 아니라 법령 자체가 매뉴얼이라 생각하며 자연스럽게 친숙해지는 과정이다. 법령 조문을 천천히 읽고 중요사항에 대해 집중하며 반복하여 읽어보자.

본서는 법령의 원문을 그대로 보여주며 관련된 기출문제를 수록하였다. 개정법령(2026. 1. 8. 시행)을 반영하여 문제를 구성하였고 쉬운 암기법을 소개하여 공부 재미를 덧붙였다.

유튜브 무료강의로 〈시험 꼭! 청원경찰법〉을 강의한다.
혼자서 공부하기 버거운 수험생에게는 큰 도움이 될 것이라 생각한다.

시험공부의 첫 발걸음은 첫 페이지를 읽기 시작하는 것이다. 그리고 끝 페이지까지 마무리 하겠다는 의지가 플러스 되어야 한다.
처음 마음먹은 합격에의 열정과 합격 자신감이 이 한 권의 책으로 더해지길 진심으로 기원해 본다.

2025. 10. 25. 정명재

CONTENTS

목차

01.
청원경찰법 ··· 4

02.
청원경찰법 시행령 ··· 38

03.
청원경찰법 시행규칙 ··· 58

청원경찰 공채·경력채용 및
경비지도사 시험 대비(2026)

경비지도사 2차

시험 꼭!
청원경찰법

01 청원경찰법

○ **청원경찰법**

제1조(목적) 이 법은 청원경찰의 직무·임용·배치·보수·사회보장 및 그 밖에 필요한 사항을 규정함으로써 청원경찰의 원활한 운영을 목적으로 한다.

제2조(정의) 이 법에서 "청원경찰"이란 다음 각 호의 어느 하나에 해당하는 기관의 장 또는 시설·사업장 등의 경영자가 경비[이하 "청원경찰경비"(청원경찰경비)라 한다]를 부담할 것을 조건으로 경찰의 배치를 신청하는 경우 그 기관·시설 또는 사업장 등의 경비(警備)를 담당하게 하기 위하여 배치하는 경찰을 말한다. → *배치대상 9곳

1. 국가기관 또는 공공단체와 그 관리 하에 있는 중요 시설 또는 사업장
2. 국내 주재(駐在) 외국기관
3. 그 밖에 '**행정안전부령**'으로 정하는 중요 시설, 사업장 또는 장소 → *대통령령(×)

> **시행규칙 제2조(배치 대상)** 「청원경찰법」(이하 "법"이라 한다) 제2조제3호에서 "그 밖에 행정안전부령으로 정하는 중요 시설, 사업장 또는 장소"란 다음 각 호의 시설, 사업장 또는 장소를 말한다.
> 1. 선박, 항공기 등 수송시설
> 2. 금융 또는 보험을 업(業)으로 하는 시설 또는 사업장
> 3. 언론, 통신, 방송 또는 인쇄를 업으로 하는 시설 또는 사업장
> 4. 학교 등 육영시설
> 5. 「의료법」에 따른 의료기관
> 6. 그 밖에 공공의 안녕질서 유지와 국민경제를 위하여 고도의 경비(警備)가 필요한 중요 시설, 사업체 또는 장소

문1 청원경찰법령상 청원경찰의 배치 대상 기관·시설·사업장 등에 해당하는 것은 모두 몇 개인가?

- 학교 등 육영시설
- 언론, 통신, 방송 또는 인쇄를 업으로 하는 시설 또는 사업장
- 「의료법」에 따른 의료기관
- 선박, 항공기 등 수송시설
- 금융 또는 보험을 업(業)으로 하는 시설 또는 사업장

① 2개
② 3개

③ 4개
④ 5개

정답 ④

문2 청원경찰법령상 청원경찰의 배치 대상 기관·시설·사업장에 해당하는 것을 모두 고른 것은?

> ㄱ. 금융을 업으로 하는 시설 또는 사업장
> ㄴ. 국내 주재(駐在) 외국기관
> ㄷ. 인쇄를 업으로 하는 시설 또는 사업장
> ㄹ. 대통령령으로 정하는 중요시설, 사업장 또는 장소

① ㄱ, ㄴ
② ㄴ, ㄷ
③ ㄱ, ㄴ, ㄷ
④ ㄱ, ㄴ, ㄹ

정답 ③

문3 청원경찰법령상 청원경찰 배치 대상 기관·시설·사업장에 해당하는 것을 모두 고른 것은?

> ㄱ. 국내 주재 외국기관
> ㄴ. 선박, 항공기 등 수송시설
> ㄷ. 언론, 통신, 방송을 업으로 하는 시설
> ㄹ. 공공의 안녕질서 유지와 국민경제를 위하여 고도의 경비가 필요한 장소

① ㄱ, ㄴ
② ㄱ, ㄷ, ㄹ
③ ㄴ, ㄷ, ㄹ
④ ㄱ, ㄴ, ㄷ, ㄹ

정답 ④

문4 청원경찰법 제1조의 내용이다. ( ) 안에 들어갈 용어로 옳은 것은?

> 청원경찰법은 청원경찰의 직무·임용·배치·보수·( ) 및 그 밖에 필요한 사항을 규정함으로써 청원경찰의 원활한 운영을 목적으로 한다.

① 무기휴대
② 신분보장
③ 사회보장
④ 징계

정답 ③

제3조(청원경찰의 직무) 청원경찰은 제4조제2항에 따라 **청원경찰의 배치 결정을 받은 자** [이하 "**청원주**"(청원주)라 한다]와 배치된 기관·시설 또는 사업장 등의 구역을 관할하는 '**경찰서장**'의 감독을 받아 그 경비구역만의 경비를 목적으로 필요한 범위에서 「**경찰관 직무집행법**」에 따른 **경찰관의 직무**를 **수행**한다. → *「경찰공무원법」(×)

시행규칙 제13조(직무교육) ① 청원주는 소속 청원경찰에게 그 직무집행에 필요한 교육을 매월 4시간 이상 하여야 한다.
② 청원경찰이 배치된 사업장의 소재지를 관할하는 경찰서장(이하 "관할 경찰서장"이라 한다)은 필요하다고 인정하는 경우에는 그 사업장에 소속 공무원을 파견하여 직무집행에 필요한 교육을 할 수 있다.
시행규칙 제14조(근무요령) ① 자체경비를 하는 입초근무자(*서서 근무)는 경비구역의 정문이나 그 밖의 지정된 장소에서 경비구역의 내부, 외부 및 출입자의 움직임을 감시한다.
② 업무처리 및 자체경비를 하는 소내근무자(*내부 근무자)는 근무 중 특이한 사항이 발생하였을 때에는 지체 없이 청원주 또는 관할 경찰서장에게 보고하고 그 지시에 따라야 한다.
③ 순찰근무자는 청원주가 지정한 일정한 구역을 순회하면서 경비 임무를 수행한다. 이 경우 순찰은 단독 또는 복수로 정선순찰(정해진 노선을 규칙적으로 순찰하는 것을 말한다)을 하되, 청원주가 필요하다고 인정할 때에는 요점순찰(순찰구역 내 지정된 중요지점을 순찰하는 것을 말한다) 또는 난선순찰(임의로 순찰지역이나 노선을 선정하여 불규칙적으로 순찰하는 것을 말한다)을 할 수 있다.
④ 대기근무자는 소내근무에 협조하거나 휴식하면서 불의의 사고에 대비한다.
시행규칙 제21조(주의사항) ① 청원경찰이 법 제3조에 따른 직무를 수행할 때에는 경비 목적을 위하여 **필요한 최소한의 범위에서** 하여야 한다. → *최대한의 범위에서(×)
② 청원경찰은 「경찰관 직무집행법」에 따른 직무 외의 수사활동 등 사법경찰관리의 직무를 수행해서는 아니 된다.
시행규칙 제22조(보고) 청원경찰이 법 제3조에 따라 직무를 수행할 때에 「경찰관 직무집행법」 및 같은 법 시행령에 따라 하여야 할 모든 보고는 관할 경찰서장에게 서면으로 보고하기 전에 **지체 없이 구두로 보고하고 그 지시에 따라야** 한다.

문1 청원경찰법령상 청원경찰의 직무에 관한 설명으로 옳지 <u>않은</u> 것은?

① 청원경찰은 청원경찰의 배치 결정을 받은 자와 배치된 기관·시설 또는 사업장 등의 구역을 관할하는 시·도경찰청장의 감독을 받는다.
② 청원경찰은 「경찰관 직무집행법」에 따른 직무 외의 수사활동 등 사법경찰관리의 직무를 수행해서는 아니 된다.
③ 청원경찰은 그 경비구역만의 경비를 목적으로 필요한 범위에서 「경찰관 직무집행법」에 따른 경찰관의 직무를 수행한다.
④ 청원경찰이 직무를 수행할 때에는 경비 목적으로 위하여 필요한 최소한의 범위에서 하여야 한다.

정답 ①

문2 청원경찰법상 청원경찰 등에 관한 설명으로 옳지 <u>않은</u> 것은?

① 청원경찰법은 청원경찰의 원활한 운영을 목적으로 제정되었다.
② 청원경찰은 국내 주재 외국기관에도 배치될 수 있다.
③ 청원경찰은 청원주 등이 경비(經費)를 부담할 것을 조건으로 사업장 등의 경비(警備)를 담당하게 하기 위하여 배치하는 경찰을 말한다.
④ 청원경찰은 청원주와 관할 시·도경찰청장의 감독을 받아 그 경비구역만의 경비를 목적으로 필요한 범위에서 「경찰공무원법」에 따른 경찰관의 직무를 수행한다.

정답 ④

문3 청원경찰법령상 청원경찰에 관한 설명으로 옳지 <u>않은</u> 것은?

① 청원경찰은 「경찰관 직무집행법」에 따른 직무 외의 수사활동 등 사법경찰관리의 직무를 수행해서는 아니 된다.
② 청원경찰은 「형법」이나 그 밖의 법령에 따른 벌칙을 적용하는 경우를 제외하고는 공무원으로 본다.
③ 청원경찰이 직무를 수행할 때에는 경비 목적을 위하여 필요한 최소한의 범위에서 하여야 한다.
④ 청원경찰이 직무를 수행할 때에 「경찰관 직무집행법」 및 같은 법 시행령에 따라 하여야 할 모든 보고는 관할 경찰서장에게 서면으로 보고하기 전에 지체 없이 구두로 보고하고 그 지시에 따라야 한다.

정답 ②

문4 청원경찰법령상 청원경찰의 직무에 관한 설명으로 옳지 않은 것은?

① 경비구역 내에서의 입초근무, 소내근무, 순찰근무, 대기근무를 수행한다.
② 청원경찰의 배치 결정을 받은 자의 지시와 감독에 의해서만 직무를 수행하여야 한다.
③ 직무를 수행할 때에는 경비 목적을 위하여 필요한 최소한의 범위에서 해야 한다.
④ 「경찰관 직무집행법」에 따른 직무 외의 수사활동 등의 직무를 수행해서는 아니 된다.

 ②

문5 청원경찰법령상 근무요령 중 '업무처리 및 자체경비를 하며, 근무 중 특이한 사항이 발생하였을 때에는 지체 없이 청원주 또는 관할 경찰서장에게 보고하고 그 지시에 따라야 하는' 근무자는 누구인가?

① 입초근무자 ② 순찰근무자
③ 소내근무자 ④ 대기근무자

 ③

제4조(청원경찰의 배치) ① 청원경찰을 배치받으려는 자는 '<u>대통령령</u>'으로 정하는 바에 따라 관할 '<u>시·도경찰청장</u>'에게 청원경찰 배치를 신청하여야 한다.
② 시·도경찰청장은 제1항의 청원경찰 배치 신청을 받으면 <u>지체 없이 그 배치 여부를 결정</u>하여 신청인에게 알려야 한다.
③ 시·도경찰청장은 청원경찰 배치가 필요하다고 인정하는 기관의 장 또는 시설·사업장의 경영자에게 청원경찰을 배치할 것을 요청할 수 있다.

> 영 제2조(청원경찰의 배치 신청 등) 「청원경찰법」(이하 "법"이라 한다) 제4조제1항에 따라 청원경찰의 배치를 받으려는 자는 **청원경찰 배치신청서에 다음 각 호의 서류를 첨부하여** 법 제2조 각 호의 기관·시설·사업장 또는 장소(이하 "사업장"이라 한다)의 소재지를 관할하는 경찰서장(이하 "**관할 경찰서장**"이라 한다)을 거쳐 시·도경찰청장에게 제출하여야 한다. <u>이 경우 배치 장소가 둘 이상의 도(특별시, 광역시, 특별자치시 및 특별자치도를 포함한다. 이하 같다)일 때에는 **주된 사업장의 관할 경찰서장**을 거쳐 시·도경찰청장에게 한꺼번에 신청할 수 있다.</u>
> 1. 경비구역 평면도 1부
> 2. 배치계획서 1부

문1 청원경찰법령상 청원경찰의 배치에 관한 설명으로 옳지 <u>않은</u> 것은?

① 청원경찰을 배치받으려는 자는 대통령령으로 정하는 바에 따라 관할 시·도경찰청장에게 청원경찰 배치를 신청하여야 한다.
② 시·도경찰청장은 청원경찰 배치 신청을 받으면 지체 없이 그 배치 여부를 결정하여 신청인에게 알려야 한다.
③ 시·도경찰청장은 청원경찰 배치가 필요하다고 인정하는 기관의 장 또는 시설·사업장의 경영자에게 청원경찰을 배치할 것을 요청할 수 있다.
④ 청원경찰의 배치를 받으려는 자는 청원경찰 배치신청서에 경비구역 평면도 1부 또는 배치계획서 1부를 첨부해야 한다.

 ④

문2 청원경찰법령상 청원경찰의 배치에 관한 설명으로 옳은 것은?

① 청원경찰 배치신청서에 첨부할 서류는 경비구역 평면도와 청원경찰 명부이다.
② 시·도경찰청장은 청원경찰 배치 신청을 받으면 30일 이내에 그 배치 여부를 결정하여 신청인에게 알려야 한다.
③ 경찰청장은 청원경찰 배치가 필요하다고 인정하는 기관의 장에게 청원경찰을 배치할 것을 요청하여야 한다.
④ 청원경찰 배치신청서상 배치 장소가 둘 이상의 도(道)일 때에는 주된 사업장의 관할 경찰서장을 거쳐 시·도경찰청장에게 한꺼번에 신청할 수 있다.

 ④

문3 청원경찰법령상 청원경찰 배치에 관한 설명으로 옳은 것은?

① 청원경찰을 배치받으려는 자는 행정안전부령으로 정하는 바에 따라 경찰청장에게 청원경찰 배치를 신청하여야 한다.
② 청원경찰의 배치를 받으려는 자는 청원경찰 배치신청서에 경비구역 평면도 1부와 배치계획서 1부를 첨부하여야 한다.
③ 사회복지법에 따른 사회복지시설은 청원경찰 배치 대상이다.
④ 금융 또는 보험을 업(業)으로 하는 시설 또는 사업장은 청원경찰 배치 대상이 아니다.

정답 ②

제5조(청원경찰의 임용 등) ① 청원경찰은 <u>청원주가 임용</u>하되, 임용을 할 때에는 미리 시·도경찰청장의 승인을 받아야 한다. → *시·도경찰청장의 승인 후 청원주가 임용
② 「국가공무원법」 제33조 각 호의 어느 하나의 결격사유에 해당하는 사람은 청원경찰로 임용될 수 없다.
③ 청원경찰의 임용자격·임용방법·교육 및 보수에 관하여는 '**대통령령**'으로 정한다.
④ 청원경찰의 복무에 관하여는 「국가공무원법」 제**57**조, 제**58**조제1항, 제**60**조 및 「경찰공무원법」 제**24**조를 준용한다. → *「경찰법」(×)

○ 국가공무원법

제33조(결격사유) 다음 각 호의 어느 하나에 해당하는 자는 공무원으로 임용될 수 없다.
1. 피성년후견인
2. 파산선고를 받고 복권되지 아니한 자
3. 금고 이상의 실형을 선고받고 그 집행이 끝나거나(집행이 끝난 것으로 보는 경우를 포함한다) 집행이 면제된 날부터 5년이 지나지 아니한 자
4. 금고 이상의 형의 집행유예를 선고받고 그 유예기간이 끝난 날부터 2년이 지나지 아니한 자
5. 금고 이상의 형의 선고유예를 받은 경우에 그 선고유예 기간 중에 있는 자
6. 법원의 판결 또는 다른 법률에 따라 자격이 상실되거나 정지된 자
6의2. 공무원으로 재직기간 중 직무와 관련하여 「형법」 제355조 및 제356조에 규정된 죄를 범한 자로서 300만원 이상의 벌금형을 선고받고 그 형이 확정된 후 2년이 지나지 아니한 자
6의3. 다음 각 목의 어느 하나에 해당하는 죄를 범한 사람으로서 100만원 이상의 벌금형을 선고받고 그 형이 확정된 후 3년이 지나지 아니한 사람
   가. 「성폭력범죄의 처벌 등에 관한 특례법」 제2조에 따른 성폭력범죄
   나. 「정보통신망 이용촉진 및 정보보호 등에 관한 법률」 제74조제1항제2호 및 제3호에 규정된 죄
   다. 「스토킹범죄의 처벌 등에 관한 법률」 제2조제2호에 따른 스토킹범죄
6의4. 미성년자에 대하여 「성폭력범죄의 처벌 등에 관한 특례법」 제2조에 따른 성폭력범죄 또는 「아동·청소년의 성보호에 관한 법률」 제2조제2호에 따른 아동·청소년대상 성범죄를 범한 사람으로서 다음 각 목의 어느 하나에 해당하는 날부터 20년이 지나지 아니한 사람
   가. 금고 이상의 실형을 선고받고 그 집행이 끝나거나(집행이 끝난 것으로 보는 경우를 포함한다) 집행이 면제된 날
   나. 금고 이상의 형의 집행유예를 선고받고 그 집행유예가 확정된 날
   다. 벌금 이하의 형을 선고받고 그 형이 확정된 날
   라. 치료감호를 선고받고 그 집행이 끝나거나 집행이 면제된 날
   마. 징계로 파면처분 또는 해임처분을 받은 날
7. 징계로 파면처분을 받은 때부터 5년이 지나지 아니한 자
8. 징계로 해임처분을 받은 때부터 3년이 지나지 아니한 자

○ 국가공무원법

제57조(복종의 의무) 공무원은 직무를 수행할 때 소속 상관의 직무상 명령에 복종하여야 한다.

제58조(직장 이탈 금지) ① 공무원은 소속 상관의 허가 또는 정당한 사유가 없으면 직장을 이탈하지 못한다.

제60조(비밀 엄수의 의무) 공무원은 재직 중은 물론 퇴직 후에도 직무상 알게 된 비밀을 엄수(嚴守)하여야 한다.

○ 경찰공무원법

제24조(거짓 보고 등의 금지) ① 경찰공무원은 직무에 관하여 거짓으로 보고나 통보를 하여서는 아니 된다.

② 경찰공무원은 직무를 게을리하거나 유기(遺棄)해서는 아니 된다.

영 제4조(임용방법 등) ① 법 제4조제2항에 따라 청원경찰의 배치 결정을 받은 자(이하 "청원주"라 한다)는 법 제5조제1항에 따라 그 배치 결정의 통지를 받은 날부터 '30일 이내'에 배치 결정된 인원수의 임용예정자에 대하여 청원경찰 임용승인을 시·도경찰청장에게 신청하여야 한다.
→ *임용승인 30일

② 청원주가 법 제5조제1항에 따라 청원경찰을 임용하였을 때에는 임용한 날부터 10일 이내에 그 임용사항을 관할 경찰서장을 거쳐 시·도경찰청장에게 보고하여야 한다. 청원경찰이 퇴직하였을 때에도 또한 같다. → *10심히 임용·퇴직

문1 청원경찰법령상 청원경찰에 관한 설명으로 옳은 것은?

① 청원경찰은 청원주 등의 경비(經費)의 부담을 면제할 조건으로 사업장 등의 경비(警備)를 담당하게 하기 위하여 배치하는 경찰이다.
② 선박, 항공기 등 수송시설에는 청원경찰이 배치될 수 없다.
③ 청원경찰은 청원경찰의 배치 결정을 받은 자의 감독을 받는다.
④ 청원경찰은 배치된 기관·시설 또는 사업장 등의 구역을 관할하는 시·도지사의 감독을 받는다.

문2 청원경찰의 원활한 운영을 목적으로 청원경찰법에서 규정하고 있는 것은 모두 몇 개인가?

ㄱ. 청원경찰의 보수   ㄴ. 청원경찰의 임용
ㄷ. 청원경찰의 직무   ㄹ. 청원경찰의 사회보장

① 1개 ② 2개 ③ 3개 ④ 4개

정답 ④

문3 청원경찰법령상 청원경찰의 배치에 관한 설명으로 옳지 않은 것은?

① 청원경찰을 배치 받으려는 대통령령으로 정하는 바에 따라 시·도경찰청장에게 청원경찰 배치를 신청하여야 한다.
② 시·도경찰청장은 청원경찰 배치 신청을 받으면 7일 이내에 그 배치 여부를 결정하여 신청인에게 알려야 한다.
③ 청원경찰의 배치를 받으려는 자는 청원경찰 배치신청서에 경비구역 평면도 1부와 배치계획서 1부를 첨부하여야 한다.
④ 청원경찰 배치신청서 제출 시 배치 장소가 둘 이상의 도(특별시, 광역시, 특별자치시, 특별자치도를 포함)일 때에는 주된 사업장의 관할 경찰서장을 거쳐 시·도경찰청장에게 한꺼번에 신청할 수 있다.

정답 ②

문4 청원경찰법령상 청원경찰의 임용에 관한 설명으로 옳은 것은?

① 청원경찰의 임용자격에 관하여는 대통령령으로 정한다.
② 청원경찰은 관할경찰서장이 임용한다.
③ 청원주가 청원경찰을 임용하였을 때에는 임용한 날부터 30일 이내에 그 사항을 관할 경찰서장을 거쳐 시·도경찰청장에게 보고하여야 한다.
④ 청원주는 청원경찰이 퇴직하였을 때에는 퇴직한 날부터 60일 이내에 그 사항을 관할 경찰서장을 거쳐 시·도경찰청장에게 보고하여야 한다.

정답 ①

문5 청원경찰법령상 청원경찰의 임용권자로 옳은 것은?

① 청원주
② 경찰서장
③ 경찰청장
④ 시·도경찰청장

정답 ①

문6 청원경찰법령상 청원경찰의 임용과 교육에 관한 설명으로 옳은 것은?

① 청원경찰의 임용자격으로는 19세 이상인 사람으로서 남자의 경우에는 군복무를 마친 사람으로 한다.
② 경찰공무원에서 퇴직한 사람이 퇴직한 날부터 3년 이내에 청원경찰로 임용되었을 때에는 직무수행에 필요한 교육을 면제할 수 있다.
③ 청원주가 청원경찰을 임용하였을 때에는 임용한 날부터 15일 이내에 그 임용사항을 관할 경찰서장을 거쳐 시·도경찰청장에게 보고하여야 한다.
④ 경찰교육기관의 교육계획상 부득이하다고 인정할 때에는 청원주는 청원경찰로 임용된 사람을 경비구역에 우선 배치하고 임용 후 2년 이내에 교육을 받게 할 수 있다.

 ②

문7 청원경찰법령에 관한 설명으로 옳지 않은 것은?

① 청원경찰은 청원주가 임용하되, 임용을 할 때에는 미리 시·도경찰청장의 승인을 받아야 한다.
② 청원경찰의 배치 결정을 받은 자는 그 배치 결정의 통지를 받은 날부터 60일 이내에 임용예정자에 대한 임용승인을 관할 경찰서장에게 신청하여야 한다.
③ 청원주가 청원경찰을 임용하였을 때에는 임용한 날부터 10일 이내에 그 임용사항을 관할 경찰서장을 거쳐 시·도경찰청장에게 보고하여야 한다.
④ 청원주가 청원경찰을 면직시켰을 때에는 그 사실을 관할 경찰서장을 거쳐 시·도경찰청장에게 보고하여야 한다.

해설

> **제10조의4(의사에 반한 면직)** ① 청원경찰은 형의 선고, 징계처분 또는 신체상·정신상의 이상으로 직무를 감당하지 못할 때를 제외하고는 그 의사(意思)에 반하여 면직(免職)되지 아니한다. → *'면직'은 직위나 직무에서 물러나는 것을 뜻한다.
> ② 청원주가 청원경찰을 면직시켰을 때에는 그 사실을 관할 경찰서장을 거쳐 시·도경찰청장에게 보고하여야 한다.

 ②

문8 청원경찰법상 청원경찰의 복무에 관하여 경찰공무원법의 규정이 준용되는 것은?

① 복종의 의무
② 직장 이탈 금지
③ 비밀 엄수의 의무
④ 거짓 보고 등의 금지

정답 ④

문9 청원경찰법령상 청원경찰의 복무에 관하여 국가공무원법의 규정이 준용되지 않는 것은?

① 청원경찰의 비밀 엄수의 의무
② 청원경찰의 직장 이탈 금지
③ 청원경찰의 복종의 의무
④ 청원경찰의 거짓 보고 등의 금지

정답 ④

문10 청원경찰법령상 청원경찰의 임용 등에 관한 설명으로 옳지 않은 것은?

① 청원경찰은 청원주가 임용하되, 임용할 때에는 미리 시·도경찰청장의 승인을 받아야 한다.
② 피한정후견인은 청원경찰로 임용될 수 없다.
③ 청원경찰로 임용되기 위해서는 신체가 건강하고 팔다리가 완전하며, 시력(교정시력을 포함)은 양쪽 눈이 각각 0.8 이상이어야 한다.
④ 군복무가 면제된 25세인 남자는 청원경찰로 임용될 수 있다.

정답 ②

문11 청원경찰법령상 청원경찰의 임용 등에 관한 설명으로 옳은 것은?

① 청원주는 청원경찰 배치 결정의 통지를 받은 날부터 10일 이내에 배치 결정된 인원수의 임용예정자에 대하여 청원경찰 임용승인을 시·도경찰청장에게 신청하여야 한다.
② 청원주가 청원경찰을 임용하였을 때에는 임용한 날부터 10일 이내에 그 임용사항을 관할 경찰서장을 거쳐 시·도경찰청장에게 보고하여야 한다.
③ 청원경찰의 임용자격·임용방법·교육 및 보수에 관하여는 행정안전부령으로 정한다.
④ 청원경찰의 복무에 관하여는 「국가공무원법」 및 「경찰법」을 적용한다.

정답 ②

제5조의2(청원경찰의 징계) ① 청원주는 청원경찰이 다음 각 호의 어느 하나에 해당하는 때에는 **대통령령으로 정하는 징계절차를 거쳐 징계처분을 하여야 한다.** → *할 수 있다(×)
1. 직무상의 의무를 위반하거나 직무를 태만히 한 때
2. 품위를 손상하는 행위를 한 때

② 청원경찰에 대한 징계의 종류는 **파면, 해임, 정직, 감봉 및 견책**으로 구분한다. → *강등(×)
③ 청원경찰의 징계에 관하여 그 밖에 필요한 사항은 **대통령령**으로 정한다.

> **영 제8조(징계)** ① **관할 경찰서장**은 청원경찰이 법 제5조의2제1항 각 호의 어느 하나에 해당한다고 인정되면 '청원주'에게 해당 청원경찰에 대하여 징계처분을 하도록 요청할 수 있다.
> ② 법 제5조의2제2항의 **정직(停職)**은 1개월 이상 3개월 이하로 하고, 그 기간에 청원경찰의 신분은 보유하나 직무에 종사하지 못하며, **보수의 3분의 2**를 줄인다.
> ③ 법 제5조의2제2항의 **감봉**은 1개월 이상 3개월 이하로 하고, 그 기간에 **보수의 3분의 1**을 줄인다.
> ④ 법 제5조의2제2항의 **견책(譴責)**은 전과(前過)에 대하여 훈계하고 회개하게 한다.
> ⑤ **청원주**는 청원경찰 배치 결정의 통지를 받았을 때에는 **통지를 받은 날부터 15일 이내**에 청원경찰에 대한 '**징계규정을 제정**'하여 관할 시·도경찰청장에게 신고하여야 한다. 징계규정을 '**변경**'할 때에도 또한 같다. → *징계할테니 15(일어)나!
> ⑥ **시·도경찰청장**은 제5항에 따른 징계규정의 보완이 필요하다고 인정할 때에는 '**청원주**'에게 그 보완을 요구할 수 있다. → *관할 경찰서장에게 보완 요구(×)

문1 청원경찰법령상 청원경찰의 징계에 관한 설명으로 옳은 것은?

① 청원경찰에 대한 징계의 종류는 파면, 해임, 정직, 감봉 및 경고로 구분한다.
② 청원주는 청원경찰이 품위를 손상하는 행위를 한 때 행정안전부령으로 정하는 징계절차를 거쳐 징계처분을 할 수 있다.
③ 관할 경찰서장은 청원경찰이 직무를 태만히 한 것으로 인정되면 청원주에게 해당 청원경찰에 대하여 징계처분을 하도록 요청할 수 있다.
④ 청원주는 청원경찰 배치 결정의 통지를 받았을 때에는 통지를 받은 날부터 30일 이내에 청원경찰에 대한 징계규정을 제정하여 관한 시·도경찰청장에게 신고하여야 한다.

정답 ③

문2 청원경찰법령상 청원경찰에 대한 징계의 종류로 옳은 것은?

① 강등
② 견책
③ 면직
④ 직위해제

정답 ②

문3 청원경찰법령상 청원경찰의 징계에 관한 설명으로 옳지 <u>않은</u> 것은?

① 청원주는 청원경찰이 품위를 손상하는 행위를 한 때에는 징계절차를 거쳐 징계처분을 하여야 한다.
② 관할 경찰서장은 청원경찰이 「청원경찰법」상의 징계사유에 해당한다고 인정되면 청원주에게 해당 청원경찰에 대하여 징계처분을 하도록 요청할 수 있다.
③ 감봉은 1개월 이상 3개월 이하로 하고, 그 기간에 보수의 3분의 1을 줄인다.
④ 청원주는 청원경찰 배치 결정의 통지를 받은 날부터 15일 이내에 청원경찰에 대한 징계규정을 제정하여 관할 경찰서장에게 신고하여야 한다.

 ④

문4 청원경찰법령상 청원경찰의 징계에 관한 설명으로 옳은 것은?

① 징계의 종류는 파면, 해임, 강등, 정직, 감봉 및 견책으로 구분한다.
② 시·도경찰청장은 징계규정의 보완이 필요하다고 인정할 때에는 청원주에게 그 보완을 요구할 수 있다.
③ 정직은 1개월 이상 3개월 이하로 하고, 보수의 3분의 1을 줄인다.
④ 청원주는 청원경찰 배치 결정의 통지를 받았을 때에는 통지를 받은 날부터 10일 이내에 청원경찰에 대한 징계규정을 제정하여야 한다.

 ②

문5 청원경찰법령상 청원경찰에 대한 징계의 종류에 해당하지 <u>않는</u> 것은?

① 파면
② 해임
③ 견책
④ 강등

정답 ④

> **문6** 청원경찰법령상 청원경찰의 징계에 관한 설명으로 옳지 <u>않은</u> 것은?
>
> ① 관할 경찰서장은 청원경찰이 직무상 의무를 위반하거나 직무를 태만히 한 때에는 대통령령이 정하는 절차를 거쳐 징계처분을 할 수 있다.
> ② 청원경찰에 대한 징계의 종류는 파면, 해임, 정직, 감봉 및 견책으로 구분한다.
> ③ 정직은 1개월 이상 3개월 이하로 하고, 그 기간에 청원경찰의 신분은 보유하나 직무에 종사하지 못하며, 보수의 3분의 2를 줄인다.
> ④ 감봉은 1개월 이상 3개월 이하로 하고, 그 기간에 보수의 3분의 1을 줄인다.
>
> 정답 ①

제6조(청원경찰경비) ① 청원주는 다음 각 호의 청원경찰경비를 부담하여야 한다.
  1. 청원경찰에게 지급할 봉급과 각종 수당
  2. 청원경찰의 피복비
  3. 청원경찰의 교육비
  4. 제7조에 따른 보상금 및 제7조의2에 따른 퇴직금
② 국가기관 또는 지방자치단체에 근무하는 청원경찰의 '보수'는 다음 각 호의 구분에 따라 같은 재직기간에 해당하는 경찰공무원의 보수를 감안하여 '대통령령'으로 정한다.
  1. 재직기간 15년 미만 : 순경
  2. 재직기간 15년 이상 23년 미만 : 경장
  3. 재직기간 23년 이상 30년 미만 : 경사
  4. 재직기간 30년 이상 : 경위
③ 청원주의 제1항 제1호에 따른 봉급·수당의 최저부담기준액(국가기관 또는 지방자치단체에 근무하는 청원경찰의 봉급·수당은 제외한다)과 같은 항 제2호 및 제3호(*피복비와 교육비)에 따른 비용의 부담기준액은 '경찰청장'이 정하여 고시(**告示**)한다.

> **영 제9조(국가기관 또는 지방자치단체에 근무하는 청원경찰의 보수)** ① 법 제6조제2항에 따른 국가기관 또는 지방자치단체에 근무하는 청원경찰의 봉급은 별표 1과 같다.
> ② 법 제6조제2항에 따른 국가기관 또는 지방자치단체에 근무하는 청원경찰의 각종 **'수당'**은 「공무원수당 등에 관한 규정」에 따른 수당 중 가계보전수당, 실비변상 등으로 하며, 그 세부 항목은 **'경찰청장'**이 정하여 고시한다.
> ③ 법 제6조제2항에 따른 재직기간은 청원경찰로서 근무한 기간으로 한다.
> **영 제10조(국가기관 또는 지방자치단체에 근무하는 청원경찰 외의 청원경찰의 보수)** 국가기관 또는 지방자치단체에 근무하는 청원경찰 외의 청원경찰의 봉급과 각종 수당은 법 제6조제3항에 따라 **경찰청장이 고시한 최저부담기준액 이상으로 지급**하여야 한다. 다만, 고시된 최저부담기준액이

배치된 사업장에서 같은 종류의 직무나 유사 직무에 종사하는 근로자에게 지급하는 임금보다 적을 때에는 그 사업장에서 같은 종류의 직무나 유사 직무에 종사하는 근로자에게 지급하는 임금에 상당하는 금액을 지급하여야 한다.

영 제11조(보수 산정 시의 경력 인정 등) ① 청원경찰의 보수 산정에 관하여 그 배치된 사업장의 **'취업규칙'**에 특별한 규정이 없는 경우에는 **다음 각 호의 경력을 봉급 산정의 기준이 되는 경력에 산입(算入)하여야 한다.**

1. 청원경찰로 근무한 경력
2. 군 또는 의무경찰에 복무한 경력
3. 수위·경비원·감시원 또는 그 밖에 청원경찰과 비슷한 직무에 종사하던 사람이 해당 사업장의 청원주에 의하여 청원경찰로 임용된 경우에는 그 직무에 종사한 경력
4. 국가기관 또는 지방자치단체에서 근무하는 청원경찰에 대해서는 국가기관 또는 지방자치단체에서 **상근(常勤)**으로 근무한 경력 → *'상근(常勤)'은 일정한 시간에 규칙적으로 출근하여 근무하는 것을, '비상근(非常勤)'은 그 반대로 일상적이고 규칙적인 근무를 하지 않는 것을 의미한다.

② 국가기관 또는 지방자치단체에 근무하는 청원경찰 보수의 호봉 간 승급기간은 경찰공무원의 승급기간에 관한 규정을 준용한다.

③ 국가기관 또는 지방자치단체에 근무하는 청원경찰 외의 청원경찰 보수의 호봉 간 승급기간 및 승급액은 그 배치된 사업장의 취업규칙에 따르며, 이에 관한 취업규칙이 없을 때에는 '순경'의 승급에 관한 규정을 준용한다. → *취업규칙이 우선 적용

영 제12조(청원경찰경비의 고시 등) ① 법 제6조제1항 '제1호부터 제3호까지'의 청원경찰경비의 지급방법 또는 납부방법은 '행정안전부령'으로 정한다.

② 법 제6조제3항에 따른 **청원경찰경비의 최저부담기준액 및 부담기준액은 경찰공무원 중 순경의 것을 고려하여 다음 연도분을 매년 12월에 고시하여야 한다.** 다만, 부득이한 사유가 있을 때에는 수시로 고시할 수 있다.

시행규칙 제8조(청원경찰경비의 지급방법 등) 영 제12조에 따른 청원경찰경비의 지급방법 및 납부방법은 다음 각 호와 같다.

1. 봉급과 각종 수당은 청원주가 그 청원경찰이 배치된 기관·시설·사업장 또는 장소(이하 "사업장"이라 한다)의 직원에 대한 보수 지급일에 청원경찰에게 직접 지급한다.
2. 피복은 청원주가 제작하거나 구입하여 별표 2에 따른 정기지급일 또는 신규 배치 시에 청원경찰에게 현품으로 지급한다.
3. 교육비는 청원주가 해당 청원경찰의 입교(入校) 3일 전에 해당 경찰교육기관에 낸다.

문 1 청원경찰법령상 국가기관에 근무하는 청원경찰의 보수는 재직기간에 해당하는 경찰공무원 보수를 감안하여 정한다. 이에 관한 예시로 옳은 것은?

① 16년 : 경장, 20년 : 경장, 25년 : 경사, 32년 : 경사
② 16년 : 순경, 20년 : 경장, 25년 : 경사, 32년 : 경사

③ 16년 : 경장, 20년 : 경장, 25년 : 경사, 32년 : 경위
④ 16년 : 순경, 20년 : 경장, 25년 : 경사, 32년 : 경위

정답 ③

문2 청원경찰법령상 청원경찰경비(經費)에 관한 설명으로 옳지 <u>않은</u> 것은?

① 청원경찰경비는 봉급과 각종 수당, 피복비, 교육비, 보상금 및 퇴직금을 말한다.
② 봉급·수당의 최저부담기준액(국가기관 또는 지방자치단체에 근무하는 청원경찰의 봉급·수당은 제외)은 경찰청장이 정하여 고시한다.
③ 국가기관 또는 지방자치단체에 근무하는 청원경찰의 각종 수당은 「공무원수당 등에 관한 규정」에 따른 수당 중 가계보전수당, 실비변상 등으로 한다.
④ 교육비는 청원주가 해당 청원경찰의 입교 7일 전에 청원경찰에게 직접 지급한다.

정답 ④

문3 청원경찰법령상 청원경찰경비 등에 관한 설명으로 옳지 <u>않은</u> 것은?

① 지방자치단체에 근무하는 청원경찰의 각종 수당에는 공무원수당 등에 관한 규정에 따른 수당 중 가계보전수당은 포함되지 않는다.
② 지방자치단체에 근무하는 재직기간이 22년인 청원경찰의 보수는 같은 재직기간에 해당하는 경찰공무원 중 경장의 보수를 감안하여 대통령령으로 정한다.
③ 국가기관 또는 지방자치단체에 근무하는 청원경찰 보수의 호봉 간 승급기간은 경찰공무원의 승급기간에 관한 규정을 준용한다.
④ 청원경찰의 피복비의 지급방법은 행정안전부령으로 정한다.

정답 ①

문4 청원경찰법령상 청원주가 부담해야 하는 청원경찰경비(經費)를 모두 고른 것은?

ㄱ. 청원경찰의 교통비	ㄴ. 청원경찰의 피복비
ㄷ. 청원경찰의 교육비	ㄹ. 청원경찰 본인 또는 유족 보상금

① ㄱ, ㄴ, ㄷ
② ㄱ, ㄴ, ㄹ
③ ㄱ, ㄷ, ㄹ
④ ㄴ, ㄷ, ㄹ

정답 ④

문5 청원경찰법령상 청원경찰경비(經費)의 지급방법 또는 납부방법을 행정안전부령으로 정하지 <u>않는</u> 것은?

① 청원경찰에게 지급할 봉급과 각종 수당
② 청원경찰의 피복비
③ 청원경찰의 교육비
④ 청원경찰의 퇴직금

정답 ④

문6 청원경찰법령상 청원경찰의 봉급과 수당은 누가 부담하는가?

① 청원주
② 시·도경찰청장
③ 관할 경찰서장
④ 지방자치단체장

정답 ①

문7 청원경찰법령상 청원경찰의 보수 등에 관한 설명으로 옳지 <u>않은</u> 것은?

① 국가기관에 근무하는 청원경찰의 각종 수당은 공무원수당 등에 관한 규정에 따른 수당 중 가계보전수당, 실비변상 등으로 하며, 그 세부항목은 경찰청장이 고시한다.
② 국가기관에 근무하는 청원경찰의 보수산정을 위한 재직기간은 청원경찰로서 근무한 기간으로 한다.
③ 국가기관에 근무하는 청원경찰 보수의 호봉 간 승급기간은 경찰공무원의 승급기간에 관한 규정을 준용한다.
④ 국가기관 또는 지방자치단체에 근무하는 청원경찰 외의 청원경찰 보수의 호봉 간 승급기간 및 승급액은 순경의 승급에 관한 규정을 사업장의 취업규칙보다 우선 준용한다.

정답 ④

문8 청원경찰법령상 청원경찰경비에 관한 설명으로 옳은 것은?

① 국가기관 또는 지방자치단체에 근무하는 청원경찰의 보수는 재직기간 15년 이상 23년 미만인 경우 같은 재직기간에 해당하는 경찰공무원 '경장'의 보수를 감안하여 대통령령으로 정한다.
② 청원경찰의 피복비는 청원주가 부담하여야 하는 청원경찰경비(經費)에 해당하지 않는다.

③ 청원경찰이 직무상의 부상·질병으로 인하여 퇴직 후 3년 이내에 사망한 경우 청원주는 대통령령으로 정하는 바에 따라 그 유족에게 보상금을 지급하여야 한다.
④ 교육비는 청원주가 경찰교육기관 입교(入敎) 3일 전에 해당 청원경찰에게 지급하여 납부하게 한다.

정답 ①

문9 청원경찰법령상 청원경찰의 경비(經費)에 관한 설명으로 옳은 것은?

① 청원주는 대통령령이 정하는 바에 따라 청원경찰에게 봉급과 각종 수당 등을 지급하여야 한다.
② 청원주는 대통령령이 정하는 바에 따라 청원경찰이 직무수행 중 부상을 당한 경우에 본인에게 보상금을 지급하여야 한다.
③ 청원주는 청원경찰이 퇴직할 때에는 행정안전부령이 정하는 바에 따라 근로자퇴직급여 보장법에 따른 퇴직금을 지급하여야 한다.
④ 지방자치단체에 근무하는 청원경찰의 각종 수당은 공무원수당 등에 관한 규정에 따른 수당 중 가계보전수당, 실비변상 등으로 하며, 그 세부항목은 대통령령으로 정하여 고시한다.

정답 ②

문10 청원경찰법령상 청원경찰 경비(經費) 등에 관한 설명으로 옳지 않은 것은?

① 청원주는 청원경찰이 직무상의 부상·질병으로 인하여 퇴직하거나, 퇴직 후 2년 이내에 사망한 경우 청원경찰 본인 또는 그 유족에게 보상금을 지급하여야 한다.
② 봉급과 각종 수당은 청원주가 그 청원경찰이 배치된 기관 시설·사업장 또는 장소의 직원에 대한 보수 지급일에 청원경찰에게 직접 지급한다.
③ 청원주는 보상금의 지급을 이행하기 위하여 「산업재해보상보험법」에 따른 산업재해보상보험에 가입하거나, 「근로기준법」에 따라 보상금을 지급하기 위한 재원을 따로 마련하여야 한다.
④ 청원경찰의 교육비는 청원주가 해당 청원경찰의 입교 후 3일 이내에 해당 경찰교육기관에 낸다.

정답 ④

문11 청원경찰법령상 청원경찰의 보수에 관한 설명으로 옳지 않은 것은?

① 국가기관 또는 지방자치단체에 근무하는 청원경찰 보수의 호봉 간 승급기간은 경찰공무원의 승급기간에 관한 규정을 준용한다.
② 국가기관에 근무하는 청원경찰의 보수는 그 재직기간이 25년인 경우, 경찰공무원 경사의 보수를 감안하여 대통령령으로 정한다.
③ 국가기관 또는 지방자치단체에 근무하는 청원경찰의 봉급·수당에 관한 청원주의 최저부담기준액은 경찰청장이 정하여 고시한다.
④ 국가기관 또는 지방자치단체에 근무하는 청원경찰의 각종 수당은 「공무원수당 등에 관한 규정」에 따른 수당 중 가계보전수당, 실비변상 등으로 하며, 그 세부 항목은 경찰청장이 정하여 고시한다.

정답 ③

제7조(보상금) 청원주는 청원경찰이 다음 각 호의 어느 하나에 해당하게 되면 **대통령령**으로 정하는 바에 따라 **청원경찰 본인 또는 그 유족에게 보상금을 지급**하여야 한다.
1. 직무수행으로 인하여 부상을 입거나, 질병에 걸리거나 또는 사망한 경우
2. 직무상의 부상·질병으로 인하여 퇴직하거나, **퇴직 후 2년 이내에 사망**한 경우

> **영 제13조(보상금)** 청원주는 법 제7조에 따른 보상금의 지급을 이행하기 위하여 「산업재해보상보험법」에 따른 산업재해보상보험에 가입하거나, 「근로기준법」에 따라 보상금을 지급하기 위한 재원(財源)을 따로 마련하여야 한다.

제7조의2(퇴직금) 청원주는 청원경찰이 퇴직할 때에는 「근로자퇴직급여 보장법」에 따른 퇴직금을 지급하여야 한다. 다만, 국가기관이나 지방자치단체에 근무하는 청원경찰의 퇴직금에 관하여는 따로 '**대통령령**'으로 정한다. → *고용보험법(×)

문1 청원경찰법령상 청원경찰의 보상금과 퇴직금에 관한 설명이다. ( )에 들어갈 내용으로 옳은 것은?

- 청원주는 보상금 지급의 이행을 위하여 (ㄱ)에 따른 산업재해보상보험에 가입하거나, (ㄴ)에 따라 보상금을 지급하기 위한 재원(財源)을 따로 마련하여야 한다.
- 청원주는 청원경찰이 퇴직할 때에는 (ㄷ)에 따라 퇴직금을 지급하여야 한다. 다만, 국가기관 또는 지방자치단체에 근무하는 청원경찰의 퇴직금에 관하여는 따로 (ㄹ)으로 정한다.

① ㄱ : 근로기준법　　　　② ㄴ : 산업재해보상보험법
③ ㄷ : 근로자퇴직급여 보장법　④ ㄹ : 행정안전부령

> 정답 ③

문2 청원경찰법령상 청원경찰의 보상금 지급사유가 아닌 것은?

① 청원경찰이 직무수행으로 인하여 부상을 입은 경우
② 청원경찰이 직무수행으로 인하여 질병에 걸린 경우
③ 청원경찰이 직무수행으로 인하여 사망한 경우
④ 청원경찰이 직무상의 부상으로 인하여 퇴직 후 3년 이내에 사망한 경우

> 정답 ④

문3 청원경찰법령상 청원주가 부담하여야 하는 청원경찰경비에 해당하지 않는 것은?

① 청원경찰에게 지급할 봉급과 각종 수당
② 청원경찰의 피복비
③ 청원경찰의 교육비
④ 청원경찰의 업무추진비

> 정답 ④

문4 청원경찰법령상 경비의 부담과 고시 등에 관한 설명으로 옳지 않은 것은?

① 청원경찰의 피복비 및 교육비의 부담기준액은 시·도경찰청장이 정하여 고시한다.
② 부득이한 사유가 있는 경우를 제외하고, 청원경찰경비의 최저부담기준액 및 부담기준액은 순경의 것을 고려하여 다음 연도분을 매년 12월에 고시하여야 한다.
③ 청원주는 청원경찰이 직무상의 부상·질병으로 인하여 퇴직하게 되면 청원경찰 본인에게 보상금을 지급하여야 한다.
④ 청원주는 청원경찰이 퇴직할 때에는 「근로자퇴직급여 보장법」에 따른 퇴직금을 지급하여야 한다. 다만, 국가기관이나 지방자치단체에 근무하는 청원경찰의 퇴직금에 관하여는 따로 대통령령으로 정한다.

> 정답 ①

문5 청원경찰법령상 청원경찰의 경비와 보상 등에 관한 설명으로 옳은 것은?

① 지방자치단체에 근무하는 청원경찰의 봉급·수당의 최저부담기준액은 경찰청장이 정하여 고시한다.
② 지방자치단체에 근무하는 청원경찰의 퇴직금에 관하여는 따로 행정안전부령으로 정한다.
③ 청원경찰이 퇴직할 때에는 급여품 및 대여품을 청원주에게 반납해야 한다.
④ 국가기관에 근무하는 청원경찰의 보수는 재직기간 15년 이상 23년 미만인 경우, 경장에 해당하는 경찰공무원의 보수를 감안하여 대통령령으로 정한다.

정답 ④

문6 청원경찰법령상 청원경찰경비(經費) 등에 관한 설명으로 옳지 않은 것은 몇 개인가?

ㄱ. 청원주는 청원경찰이 퇴직할 때에는 국민연금법에 따른 퇴직금을 지급하여야 한다.
ㄴ. 청원주는 청원경찰의 피복비를 부담한다.
ㄷ. 국가기관 또는 지방자치단체에 근무하는 청원경찰의 보수산정 시의 기준이 되는 재직기간은 청원경찰로서 근무한 기간으로 한다.
ㄹ. 국가기관 또는 지방자치단체에 근무하는 청원경찰 외의 청원경찰의 봉급과 각종 수당은 시·도경찰청장이 고시한 최저부담기준액 이상으로 지급하여야 한다.

① 1개
② 2개
③ 3개
④ 4개

정답 ②

문7 청원경찰법령상 청원경찰에 관한 내용으로 옳지 않은 것은?

① 국가기관이나 지방자치단체에 근무하는 청원경찰의 명예퇴직에 관하여는 국가공무원법을 준용한다.
② 청원경찰은 형의 선고, 징계처분 또는 신체상·정신상의 이상으로 직무를 감당하지 못할 때를 제외하고는 그 의사에 반하여 면직되지 아니한다.
③ 청원주가 청원경찰을 면직시켰을 때에는 그 사실을 관할 경찰서장을 거쳐 시·도경찰청장에게 보고하여야 한다.
④ 청원주는 청원경찰이 퇴직할 때에는 고용보험법에 따른 퇴직금을 지급하여야 한다.

정답 ④

> **문8** 청원경찰법령상 청원경찰의 임용 등에 관한 설명으로 옳지 <u>않은</u> 것은?
>
> ① 20세의 여자로서 행정안전부령이 정하는 신체조건에 해당하는 자는 임용자격이 있다.
> ② 청원주가 청원경찰을 임용한 때에는 10일 이내에 그 임용사항을 사업장의 소재지를 관할하는 경찰서장을 거쳐 시·도경찰청장에게 보고하여야 한다.
> ③ 청원주는 청원경찰이 직무수행으로 인하여 부상을 입거나, 질병에 걸리거나 또는 사망한 때에는 대통령령이 정하는 바에 따라 보상금을 지급하여야 한다.
> ④ 지방자치단체에 근무하는 청원경찰이 퇴직할 때에는 행정안전부령에 따라 근로기준법의 규정에 의한 퇴직금을 청원주가 지급하여야 한다.
>
> 정답 ④

제8조(제복 착용과 무기 휴대) ① 청원경찰은 근무 중 제복을 착용하여야 한다.
② 시·도경찰청장은 청원경찰이 직무를 수행하기 위하여 필요하다고 인정하면 '청원주의 신청을 받아 관할 경찰서장으로 하여금' 청원경찰에게 무기를 대여하여 지니게 할 수 있다.
③ 청원경찰의 복제(**服制**)와 무기 휴대에 필요한 사항은 '**대통령령**'으로 정한다.

> **영 제14조(복제)** ① 청원경찰의 복제(服制)는 제복·장구(裝具) 및 부속물로 구분한다.
> ② 청원경찰의 **제복·장구 및 부속물에 관하여 필요한 사항은 '행정안전부령'**으로 정한다.
> ③ 청원경찰이 그 배치지의 특수성 등으로 **특수복장을 착용할 필요가 있을 때에는** 청원주는 '**시·도경찰청장의 승인**'을 받아 특수복장을 착용하게 할 수 있다.

제9조 〈삭제〉

제9조의2 〈삭제〉

제9조의3(감독) ① 청원주는 항상 소속 청원경찰의 근무 상황을 감독하고, 근무 수행에 필요한 교육을 하여야 한다.
② 시·도경찰청장은 청원경찰의 효율적인 운영을 위하여 '청원주를 지도하며 감독'상 필요한 명령을 할 수 있다.

> **영 제17조(감독)** 관할 경찰서장은 매달 1회 이상 청원경찰을 배치한 경비구역에 대하여 다음 각 호의 사항을 감독하여야 한다.
> 1. 복무규율과 근무 상황
> 2. 무기의 관리 및 취급 사항
>
> **시행규칙 제19조(감독자의 지정)** ① 2명 이상의 청원경찰을 배치한 사업장의 청원주는 청원경찰의 지휘·감독을 위하여 **청원경찰 중에서 유능한 사람**을 선정하여 감독자로 지정하여야 한다.
>   → *경력이 많은 자, 연장자(×)
> ② 제1항에 따른 감독자는 조장, 반장 또는 대장으로 하며, 그 지정기준은 별표 4와 같다.

문1 청원경찰법령상 청원경찰의 감독에 관한 설명으로 옳지 않은 것은?

① 청원주는 항상 소속 청원경찰의 근무 상황을 감독하여야 한다.
② 청원주는 소속 청원경찰에게 근무 수행에 필요한 교육을 하여야 한다.
③ 관할 경찰서장은 매달 1회 이상 청원경찰을 배치한 경비구역에 대하여 복무규율과 근무 상황을 감독하여야 한다.
④ 2명 이상의 청원경찰을 배치한 사업장의 청원주는 청원경찰의 지휘·감독을 위하여 청원경찰 중에서 경력이 많은 사람을 선정하여 감독자로 지정하여야 한다.

정답 ④

문2 청원경찰법령상 청원경찰의 감독에 관한 설명으로 옳지 않은 것은?

① 청원주는 항상 소속 청원경찰의 근무 상황을 감독하고, 근무 수행에 필요한 교육을 하여야 한다.
② 시·도경찰청장은 청원경찰의 효율적인 운영을 위하여 청원주를 지도하며 감독상 필요한 명령을 할 수 있다.
③ 관할 경찰서장은 매주 1회 이상 청원경찰을 배치한 경비구역에 대하여 복무규율과 근무상황, 무기의 관리 및 취급 사항을 감독하여야 한다.
④ 2명 이상의 청원경찰을 배치한 사업장의 청원주는 청원경찰의 지휘·감독을 위하여 청원경찰 중에서 유능한 사람을 선정하여 감독자로 지정하여야 한다.

정답 ③

문3 청원경찰법령상 청원경찰의 효율적인 운영을 위하여 청원주를 지도하며 감독상 필요한 명령을 할 수 있는 자는?

① 경찰서장
② 시·도경찰청장
③ 지구대장 또는 파출소장
④ 경찰청장

정답 ②

문4 청원경찰법령상 청원경찰의 근무 등에 관한 설명으로 옳지 않은 것은?

① 청원경찰은 형법에 따른 벌칙을 적용할 때에는 공무원으로 간주하지 않는다.
② 청원경찰은 근무 중에는 행정안전부령이 정하는 제복을 착용하여야 한다.
③ 청원경찰이 직무수행 시에 직권을 남용하여 국민에게 해를 끼친 경우에는 6개월 이하의 징역이나 금고에 처한다.
④ 시·도경찰청장은 직무수행에 필요하면 청원주의 신청을 받아 관할경찰서장으로 하여금 청원경찰에게 무기를 대여하여 지니게 할 수 있다.

정답 ①

문5 청원경찰법령상 청원경찰의 복제(服制) 등에 관한 설명으로 옳지 않은 것은?

① 청원경찰의 복제는 제복·장구(裝具) 및 부속물로 구분하며 필요한 사항은 대통령령으로 정한다.
② 청원주 및 청원경찰은 행정안전부령으로 정하는 무기관리수칙을 준수하여야 한다.
③ 청원경찰이 특수복장을 착용할 필요가 있을 때 청원주는 시·도경찰청장의 승인을 받아 착용하게 할 수 있다.
④ 시·도경찰청장이 무기를 대여하여 휴대하게 하려는 경우에는 청원주로부터 국가에 기부채납된 무기에 한정하여 관할경찰서장으로 하여금 청원경찰에게 무기를 대여하여 휴대하게 할 수 있다.

정답 ①

문6 청원경찰법령상 청원경찰의 무기 휴대 등에 관한 설명으로 옳은 것은?

① 청원주는 청원경찰이 직무를 수행하기 위하여 필요하다고 인정하면 관할 경찰서장으로 하여금 청원경찰에게 무기를 대여하여 지니게 할 수 있다.
② 청원주는 청원경찰에게 지급한 무기와 탄약을 매월 1회 이상 손질하게 하여야 한다.
③ 시·도경찰청장이 무기를 대여하여 휴대하게 하려는 경우에는 청원주로부터 국가에 기부채납된 무기에 한정하여 관할 경찰서장으로 하여금 무기를 대여하여 휴대하게 할 수 있다.
④ 청원경찰에게 무기를 대여하였을 때에는 시·도경찰청장은 청원경찰의 무기관리 상황을 수시로 점검하여야 한다.

정답 ③

문7 청원경찰법령상 청원경찰의 제복착용과 무기휴대에 관한 설명으로 옳은 것은?

① 청원경찰의 복제와 무기 휴대에 관하여 필요한 사항은 행정안전부령으로 정한다.
② 청원경찰의 제복·장구 및 부속물에 관하여 필요한 사항은 대통령령으로 정한다.
③ 경찰청장은 청원경찰이 직무수행을 위하여 필요하다고 인정할 때에는 관할 경찰서장의 신청에 의하여 시·도경찰청장으로 하여금 무기를 대여하여 휴대하게 할 수 있다.
④ 청원경찰은 근무 중 제복을 착용하여야 한다.

 ④

제9조의4(쟁의행위의 금지) 청원경찰은 파업, 태업 또는 그 밖에 업무의 정상적인 운영을 방해하는 일체의 쟁의행위를 하여서는 아니 된다.

> **제11조(벌칙)** 제9조의4를 위반하여 **파업, 태업 또는 그 밖에 업무의 정상적인 운영을 방해하는 쟁의행위를 한 사람은 1년 이하의 징역 또는 1천만원 이하의 벌금에 처한다.**

제10조(직권남용 금지 등) ① 청원경찰이 직무를 수행할 때 직권을 남용하여 국민에게 해를 끼친 경우에는 **6개월 이하의 징역이나 금고에 처한다.**
② 청원경찰 업무에 종사하는 사람은 「형법」이나 그 밖의 법령에 따른 벌칙을 적용할 때에는 공무원으로 본다. → *청원경찰법(×)

제10조의2(청원경찰의 불법행위에 대한 배상책임) 청원경찰(국가기관이나 지방자치단체에 근무하는 청원경찰은 제외한다)의 직무상 불법행위에 대한 배상책임에 관하여는 「민법」의 규정을 따른다.

문1 청원경찰법령상 청원경찰의 신분 및 직무수행에 관한 설명으로 옳지 <u>않은</u> 것은?

① 청원경찰은 파업, 태업 또는 그 밖에 업무의 정상적인 운영을 방해하는 일체의 쟁의행위를 하여서는 아니 된다.
② 청원경찰이 직무를 수행할 때 직권을 남용하여 국민에게 해를 끼친 경우에는 1년 이하의 징역이나 금고에 처한다.
③ 청원경찰 업무에 종사하는 사람은 「형법」이나 그 밖의 법령에 따른 벌칙을 적용할 때에는 공무원으로 본다.
④ 청원경찰(국가기관이나 지방자치단체에 근무하는 청원경찰은 제외)의 직무상 불법행위에 대한 배상책임에 관하여는 「민법」의 규정을 따른다.

 ②

문2. 청원경찰법령에 관한 설명으로 옳지 <u>않은</u> 것은?

① 청원경찰법은 청원경찰의 직무·임용·배치·보수·사회보장 및 그 밖에 필요한 사항을 규정함으로써 청원경찰의 원활한 운영을 목적으로 한다.
② 청원경찰은 청원주가 경비(經費)를 부담할 것을 조건으로 사업장 등의 경비(警備)를 담당하게 하기 위하여 배치하는 경찰을 말한다.
③ 청원경찰은 직무상 불법행위에 대한 배상책임에 관하여는 「경찰관 직무집행법」의 규정을 따른다.
④ 청원경찰은 형의 선고, 징계처분 또는 신체상·정신상의 이상으로 직무를 감당하지 못할 때를 제외하고는 그 의사에 반하여 면직되지 아니한다.

정답 ③

문3. 청원경찰법령상 청원경찰의 직무에 관한 설명으로 옳지 <u>않은</u> 것은?

① 청원경찰은 청원주와 관할 경찰서장의 감독을 받아 그 경비구역만의 경비를 목적으로 필요한 범위에서 「경찰관 직무집행법」에 따른 경찰관의 직무를 수행한다.
② 청원경찰이 직무를 수행할 때에 「경찰관 직무집행법」 및 같은 법 시행령에 따라 하여야 할 모든 보고는 관할 경찰서장에게 서면으로 보고하기 전에 지체 없이 구두로 보고하고 그 지시에 따라야 한다.
③ 청원경찰은 「형법」이나 그 밖의 법령에 따른 벌칙을 적용하는 경우와 청원경찰법 및 같은 법 시행령에서 특별히 규정한 경우를 제외하고는 공무원으로 본다.
④ 청원경찰은 「경찰관 직무집행법」에 따른 직무 외의 수사활동 등 사법경찰관리의 직무를 수행해서는 아니 된다.

정답 ③

문4. 청원경찰법령의 내용으로 옳은 것은?

① 청원주는 항상 소속 청원경찰의 근무 상황을 감독하고, 근무 수행에 필요한 교육을 하여야 한다.
② 청원경찰 업무에 종사하는 사람은 「형법」에 따른 벌칙을 적용할 때에도 공무원으로 보지 않는다.
③ 청원경찰(국가기관이나 지방자치단체에 근무하는 청원경찰은 제외)의 직무상 불법행위에 대한 배상책임에 관하여는 「국가배상법」의 규정을 따른다.

④ 청원경찰이 직무를 수행할 때 직권을 남용하여 국민에게 해를 끼친 경우에는 6개월 이하의 금고나 구류에 처한다.

정답 ①

문5 청원경찰법령에 관한 내용이다. ( )에 들어갈 내용이 옳은 것은?

> 청원경찰은 형의 선고, 징계처분 또는 신체상·정신상의 이상으로 직무를 감당하지 못할 때를 제외하고는 그 의사에 반하여 ( )되지 아니한다.

① 파면
② 강등
③ 면직
④ 견책

정답 ③

제10조의3(권한의 위임) 이 법에 따른 시·도경찰청장의 권한은 그 일부를 대통령령으로 정하는 바에 따라 관할 경찰서장에게 위임할 수 있다.

제10조의4(의사에 반한 면직) ① 청원경찰은 형의 선고, 징계처분 또는 신체상·정신상의 이상으로 직무를 감당하지 못할 때를 제외하고는 그 의사(意思)에 반하여 면직(免職)되지 아니한다. → *'면직'은 직위나 직무에서 물러나는 것을 뜻한다.

② 청원주가 청원경찰을 면직시켰을 때에는 그 사실을 관할 경찰서장을 거쳐 시·도경찰청장에게 보고하여야 한다. → *면직은 퇴직과 해임을 포함하는 넓은 개념이다. 퇴직은 직원의 자발적인 의사에 따른 긍정적인 개념이다.

제10조의5(배치의 폐지 등) ① 청원주는 청원경찰이 배치된 시설이 폐쇄되거나 축소되어 청원경찰의 배치를 폐지하거나 배치인원을 감축할 필요가 있다고 인정하면 **청원경찰의 배치를 폐지하거나 배치인원을 감축할 수 있다.** 다만, 청원주는 다음 각 호의 어느 하나에 해당하는 경우에는 청원경찰의 배치를 폐지하거나 배치인원을 감축할 수 없다.
1. 청원경찰을 대체할 목적으로 「경비업법」에 따른 특수경비원을 배치하는 경우
2. 청원경찰이 배치된 기관·시설 또는 사업장 등이 배치인원의 변동사유 없이 다른 곳으로 이전하는 경우

② 제1항에 따라 청원주가 청원경찰을 폐지하거나 감축하였을 때에는 **청원경찰 배치 결정을 한 경찰관서의 장에게 알려야 하며,** 그 사업장이 제4조제3항에 따라 시·도경찰청장이 청원경찰의 배치를 요청한 사업장일 때에는 그 폐지 또는 감축 사유를 구체적으로 밝혀야 한다.

③ 제1항에 따라 청원경찰의 배치를 폐지하거나 배치인원을 감축하는 경우 해당 청원주는 배치폐지나 배치인원 감축으로 과원(過員)이 되는 청원경찰 인원을 그 기관·시설 또는 사업장 내의 유사 업무에 종사하게 하거나 다른 시설·사업장 등에 재배치하는 등 청원경찰의 고용이 보장될 수 있도록 노력하여야 한다. → *고용 보장(×)

문1 청원경찰법령상 청원경찰의 배치에 관한 설명으로 옳은 것은?

① 시·도경찰청장은 청원경찰 배치 신청을 받으면 15일 이내에 그 배치 여부를 결정하여 신청인에게 알려야 한다.
② 청원경찰 배치신청서 제출 시, 배치 장소가 둘 이상의 도(道)일 때에는 주된 사업장의 관할 경찰서장을 거쳐 시·도경찰청장에게 한꺼번에 신청할 수 있다.
③ 청원경찰의 배치를 받으려는 자는 청원경찰 배치신청서에 경비구역 배치도 1부를 첨부하여 사업장의 소재지를 관할하는 시·도경찰청장에게 제출하여야 한다.
④ 관할 경찰서장은 청원경찰이 배치된 시설이 축소될 경우 배치인원을 감축할 수 있다.

 ②

문2 청원경찰법령상 청원경찰의 배치폐지 등에 관한 설명으로 옳지 않은 것은?

① 청원주는 청원경찰을 대체할 목적으로 특수경비원을 배치하는 경우에 청원경찰의 배치를 폐지하거나 배치인원을 감축할 수 없다.
② 청원주가 청원경찰의 배치폐지하였을 때에는 청원경찰 배치결정을 한 경찰관서장에게 알려야 한다.
③ 청원주가 청원경찰의 배치폐지하는 경우에는 배치폐지로 과원(課員)이 되는 그 사업장 내의 유사업무에 종사하게 하는 등 청원경찰의 고용을 보장해야 한다.
④ 청원주는 청원경찰이 배치된 사업장이 배치인원의 변동사유 없이 다른 곳으로 이전하는 경우에 배치인원을 감축할 수 없다.

 ③

문3 청원경찰법령상 청원경찰에 관한 설명으로 옳은 것은?

① 청원경찰은 청원주 사업장 소재지의 관할 경찰서장이 임용하며 그 임용을 할 때에는 시·도경찰청장의 승인을 얻어야 한다.
② 징계에 의하여 파면처분을 받고 3년이 지난 자는 청원경찰로 임용될 수 있다.
③ 청원주는 경비업법에 따른 특수경비원을 배치할 목적으로 청원경찰의 배치를 폐지하거나 배치인원을 감축할 수 없다.
④ 청원주는 청원경찰의 자녀교육비를 부담하여야 한다.

 ③

제10조의6(당연 퇴직) 청원경찰이 다음 각 호의 어느 하나에 해당할 때에는 당연 퇴직된다.
1. 제5조제2항에 따른 임용결격사유에 해당될 때. 다만, 「국가공무원법」 제33조제2호는 파산선고를 받은 사람으로서 「채무자 회생 및 파산에 관한 법률」에 따라 신청기한 내에 면책신청을 하지 아니하였거나 면책불허가 결정 또는 면책 취소가 확정된 경우만 해당하고, 「국가공무원법」 제33조제5호는 「형법」 제129조부터 제132조(*수뢰죄)까지, 「성폭력범죄의 처벌 등에 관한 특례법」 제2조, 「아동·청소년의 성보호에 관한 법률」 제2조제2호 및 직무와 관련하여 「형법」 제355조(*횡령, 배임) 또는 제356조(*업무상 횡령과 배임)에 규정된 죄를 범한 사람으로서 금고 이상의 형의 선고유예를 받은 경우만 해당한다.
2. 제10조의5에 따라 청원경찰의 배치가 폐지되었을 때
3. 나이가 60세가 되었을 때. 다만, 그 날이 1월부터 6월 사이에 있으면 6월 30일에, 7월부터 12월 사이에 있으면 12월 31일에 각각 당연 퇴직된다.

제10조의7(휴직 및 명예퇴직) 국가기관이나 지방자치단체에 근무하는 청원경찰의 휴직 및 명예퇴직에 관하여는 「국가공무원법」 제71조부터 제73조까지 및 제74조의2를 준용한다.

> ○ **국가공무원법**
>
> **제71조(휴직)** ① 공무원이 다음 각 호의 어느 하나에 해당하면 임용권자는 본인의 의사에도 불구하고 휴직을 명하여야 한다.
> 1. 신체·정신상의 장애로 장기 요양이 필요할 때
> 2. 삭제
> 3. 「병역법」에 따른 병역 복무를 마치기 위하여 징집 또는 소집된 때
> 4. 천재지변이나 전시·사변, 그 밖의 사유로 생사(生死) 또는 소재(所在)가 불명확하게 된 때
> 5. 그 밖에 법률의 규정에 따른 의무를 수행하기 위하여 직무를 이탈하게 된 때
> 6. 「공무원의 노동조합 설립 및 운영 등에 관한 법률」 제7조에 따라 노동조합 전임자로 종사하게 된 때
>
> ② 임용권자는 공무원이 다음 각 호의 어느 하나에 해당하는 사유로 휴직을 원하면 휴직을 명할 수 있다. 다만, 제4호의 경우에는 대통령령으로 정하는 특별한 사정이 없으면 휴직을 명하여야 한다.
> 1. 국제기구, 외국 기관, 국내외의 대학·연구기관, 다른 국가기관 또는 대통령령으로 정하는 민간기업, 그 밖의 기관에 임시로 채용될 때
> 2. 국외 유학을 하게 된 때
> 3. 중앙인사관장기관의 장이 지정하는 연구기관이나 교육기관 등에서 연수하게 된 때
> 4. 8세 이하 또는 초등학교 2학년 이하의 자녀를 양육하기 위하여 필요하거나 여성공무원이 임신 또는 출산하게 된 때
> 5. 조부모, 부모(배우자의 부모를 포함한다), 배우자, 자녀 또는 손자녀를 부양하거나 돌보기 위하여 필요한 경우. 다만, 조부모나 손자녀의 돌봄을 위하여 휴직할 수 있는 경우는 본인 외에 돌볼 사람이 없는 등 대통령령등으로 정하는 요건을 갖춘 경우로 한정한다.
> 6. 외국에서 근무·유학 또는 연수하게 되는 배우자를 동반하게 된 때

7. 대통령령등으로 정하는 기간 동안 재직한 공무원이 직무 관련 연구과제 수행 또는 자기개발을 위하여 학습·연구 등을 하게 된 때

③ 임기제공무원에 대하여는 제1항제1호·제3호 및 제2항제4호에 한정하여 제1항 및 제2항을 적용한다.
④ 임용권자는 제2항제4호에 따른 휴직을 이유로 인사에 불리한 처우를 하여서는 아니 된다.
⑤ 제1항부터 제4항까지의 규정에 따른 휴직 제도 운영에 관하여 필요한 사항은 대통령령등으로 정한다.

제72조(휴직 기간)

제73조(휴직의 효력) ① 휴직 중인 공무원은 신분은 보유하나 직무에 종사하지 못한다.
② 휴직 기간 중 그 사유가 없어지면 30일 이내에 임용권자 또는 임용제청권자에게 신고하여야 하며, 임용권자는 지체 없이 복직을 명하여야 한다.
③ 휴직 기간이 끝난 공무원이 30일 이내에 복귀 신고를 하면 당연히 복직된다.

제74조의2(명예퇴직 등) ① 공무원으로 20년 이상 근속(勤續)한 자가 정년 전에 스스로 퇴직(임기제공무원이 아닌 경력직공무원이 임기제공무원으로 임용되어 퇴직하는 경우로서 대통령령으로 정하는 경우를 포함한다)하면 예산의 범위에서 명예퇴직 수당을 지급할 수 있다.
② 직제와 정원의 개폐 또는 예산의 감소 등에 따라 폐직 또는 과원이 되었을 때에 20년 미만 근속한 자가 정년 전에 스스로 퇴직하면 예산의 범위에서 수당을 지급할 수 있다.

문1 청원경찰법령상 청원경찰의 퇴직에 관한 설명으로 옳지 않은 것은?

① 임용결격사유가 해당될 때 당연 퇴직된다.
② 청원경찰의 배치가 폐지되었을 때 당연 퇴직된다.
③ 나이가 60세가 되었을 때 당연 퇴직된다.
④ 국가기관이나 지방자치단체에 근무하는 청원경찰의 명예퇴직에 관하여는 「경찰공무원법」을 준용한다.

 ④

문2 청원경찰법령상 청원경찰의 면직 및 퇴직에 관한 설명으로 옳지 않은 것은?

① 청원경찰이 품위를 손상하는 행위를 한 경우에는 당연히 퇴직된다.
② 청원경찰이 나이가 60세가 되는 날이 8월인 경우 12월 31일에 당연 퇴직된다.
③ 청원주가 청원경찰을 면직시켰을 때에는 그 사실을 관할 경찰서장을 거쳐 시·도경찰청장에게 보고하여야 한다.
④ 청원경찰은 신체상·정신상의 이상으로 직무를 감당하지 못하는 경우에는 그 의사에 반하여 면직될 수 있다.

> **해설**
>
> 제10조의4(의사에 반한 면직) ① 청원경찰은 **형의 선고, 징계처분 또는 신체상·정신상의 이상으로 직무를 감당하지 못할 때**를 제외하고는 그 의사(意思)에 반하여 면직(免職)되지 아니한다. → 신체상·정신상의 이상으로 직무를 감당하지 못할 때는 청원주의 직권면직 대상이 됨을 의미한다.
> ② 청원주가 청원경찰을 면직시켰을 때에는 그 사실을 관할 경찰서장을 거쳐 시·도경찰청장에게 보고하여야 한다.

정답 ①

문3. 청원경찰법령상 청원경찰의 퇴직과 면직에 관한 설명으로 옳은 것은?

① 국가기관이나 지방자치단체에 근무하는 청원경찰의 휴직 및 명예퇴직에 관하여는 「국가공무원법」 관련규정을 준용한다.
② 청원경찰은 65세가 되었을 때 당연 퇴직된다.
③ 청원경찰의 배치 폐지는 당연 퇴직사유에 해당하지 않는다.
④ 청원주가 청원경찰을 면직시켰을 때에는 그 사실을 관할 시·도경찰청장을 거쳐 경찰청장에게 보고하여야 한다.

정답 ①

문4. 청원경찰법령상 국가기관이나 지방자치단체에 근무하는 청원경찰 본인의 의사에도 불구하고 휴직을 명하여야 하는 경우가 아닌 것은?

① 국외유학을 하게 된 때
② 신체·정신상의 장애로 장기요양이 필요한 때
③ 「병역법」에 따른 병역 복무를 마치기 위하여 징집된 때
④ 천재지변 등의 사유로 생사가 불명확하게 된 때

정답 ①

제11조(벌칙) 제9조의4를 위반하여 **파업, 태업 또는 그 밖에 업무의 정상적인 운영을 방해하는 쟁의행위를 한 사람은 1년 이하의 징역 또는 1천만원 이하의 벌금**에 처한다.

제12조(과태료) ① 다음 각 호의 어느 하나에 해당하는 자에게는 **500만원 이하의 과태료**를 부과한다.
→ *감독/최저/배치/승인/

1. 제4조제2항에 따른 시·도경찰청장의 배치 결정을 받지 아니하고 청원경찰을 배치하거나 제5조제1항에 따른 시·도경찰청장의 승인을 받지 아니하고 청원경찰을 임용한 자
2. 정당한 사유 없이 제6조제3항에 따라 **경찰청장**이 고시한 최저부담기준액 이상의 보수를 지급하지 아니한 자
3. 제9조의3 제2항에 따른(*시·도경찰청장의) **감독상** 필요한 명령을 정당한 사유 없이 이행하지 아니한 자

② 제1항에 따른 **과태료**는 대통령령으로 정하는 바에 따라 '**시·도경찰청장**'이 부과·징수한다.

> **영 제21조(과태료의 부과기준 등)** ① 법 제12조제1항에 따른 과태료의 부과기준은 별표 2와 같다.
> ② '**시·도경찰청장**'은 위반행위의 동기, 내용 및 위반의 정도 등을 고려하여 별표 2에 따른 **과태료 금액의 100분의 50(*=1/2)의 범위**에서 그 금액을 줄이거나 늘릴 수 있다. 다만, 늘리는 경우에는 법 제12조제1항에 따른 과태료 금액의 상한을 초과할 수 없다.
> **시행규칙 제24조(과태료 부과 고지서 등)**
> ③ **경찰서장**은 과태료처분을 하였을 때에는 과태료 부과 및 징수 사항을 별지 제9호서식의 **과태료 수납부에 기록하고 정리**하여야 한다. → *시·도경찰청장(×)

문1 청원경찰법령상 과태료에 관한 설명으로 옳지 않은 것은? (단, 가중·감경은 고려하지 않음)

① 시·도경찰청장의 배치 결정을 받지 아니하고 청원경찰을 배치한 경우 1,000만 원 이하의 과태료가 부과된다.
② 정당한 사유 없이 경찰청장이 고시한 최저부담기준액 이상의 보수를 지급하지 아니한 경우 500만 원 이하의 과태료가 부과된다.
③ 감독상 필요한 명령을 정당한 사유 없이 이행하지 아니하였을 경우 500만 원 이하의 과태료가 부과된다.
④ 경찰서장은 과태료처분을 하였을 때에는 과태료 부과 및 징수 사항을 과태료 수납부에 기록하고 정리하여야 한다.

정답 ①

문2 청원경찰법령상 청원경찰에 관한 설명으로 옳지 않은 것은?

① 청원경찰이 그 배치지의 특수성 등으로 특수복장을 착용할 필요가 있을 때에는 청원주는 시·도경찰청장의 승인을 받아 특수복장을 착용하게 할 수 있다.
② 청원주는 배치폐지나 배치인원 감축으로 과원(課員)이 되는 청원경찰 인원을 그 기관 시설 또는 사업장 내의 유사 업무에 종사하게 하거나 다른 시설·사업장 등에 재배치하는 등 청원경찰의 고용이 보장될 수 있도록 노력하여야 한다.

③ 청원경찰이 배치된 사업장이 하나의 경찰서의 관할구역에 있는 경우에는 시·도경찰청장은 청원주에 대한 지도 및 감독상 필요한 명령의 권한을 관할 경찰서장에게 위임한다.
④ 청원경찰이 직무를 수행할 때 직권을 남용하여 국민에게 해를 끼친 경우에는 1년 이하의 징역이나 금고에 처한다.

해설

> 제10조(직권남용 금지 등) ① 청원경찰이 직무를 수행할 때 <u>직권을 남용하여 국민에게 해를 끼친 경우에는 6개월 이하의 징역이나 금고에</u> 처한다.

정답 ④

문3 청원경찰법령상 벌칙과 과태료에 관한 설명으로 옳은 것은?

① 파업, 태업 또는 그 밖에 업무의 정상적인 운영을 방해하는 쟁의행위를 한 청원경찰은 1년 이하의 징역 또는 1천만 원 이하의 벌금에 처한다.
② 시·도경찰청장의 배치 결정을 받지 아니하고 청원경찰을 배치하거나 시·도경찰청장의 승인을 받지 아니하고 청원경찰을 임용한 청원주는 1년 이하의 징역 또는 1천만 원 이하의 벌금에 처한다.
③ 정당한 사유 없이 경찰청장이 고시한 최저부담기준액 이상의 보수를 지급하지 아니한 청원주는 1년 이하의 징역 또는 1천만 원 이하의 벌금에 처한다.
④ 시·도경찰청장의 감독상 필요한 명령을 정당한 사유 없이 이행하지 아니한 청원주는 1년 이하의 징역 또는 1천만 원 이하의 벌금에 처한다.

정답 ①

문4 청원경찰법령상 벌칙과 과태료에 관한 설명으로 옳지 <u>않은</u> 것은?

① 시·도경찰청장의 승인을 받지 아니하고 청원경찰을 임용한 자에게는 500만 원 이하의 과태료를 부과한다.
② 시·도경찰청장은 위반행위의 동기, 내용 및 위반의 정도 등을 고려하여 대통령령에서 정한 과태료 금액의 100분의 50의 범위에서 그 금액을 줄일 수 있다.
③ 경찰청장은 과태료 처분을 하였을 때에는 과태료 부과 및 징수 사항을 과태료 수납부에 기록하고 정리하여야 한다.
④ 파업 등 쟁의행위를 한 청원경찰은 1년 이하의 징역 또는 1천만 원 이하의 벌금에 처한다.

정답 ③

문5 청원경찰법상 500만 원 이하의 과태료를 부과하는 대상이 <u>아닌</u> 자는?

① 시·도경찰청장의 감독상 필요한 명령을 정당한 사유 없이 이행하지 아니한 자
② 정당한 사유 없이 경찰청장이 고시한 최저부담기준액 이상의 보수를 지급하지 아니한 자
③ 시·도경찰청장의 배치 결정을 받지 아니하고 청원경찰을 배치한 자
④ 청원경찰로서 직무에 관하여 허위로 보고한 자

정답 ④

문6 청원경찰법령상 과태료처분 대상이 <u>아닌</u> 것은?

① 시·도경찰청장의 배치결정을 받지 아니하고 청원경찰을 배치한 자
② 시·도경찰청장의 승인을 받지 아니하고 청원경찰을 배치한 자
③ 정당한 사유 없이 경찰청장이 고시한 최저부담기준액 이상의 보수를 지급한 자
④ 청원경찰의 효율적인 운영을 위하여 시·도경찰청장이 발한 감독상 필요한 명령을 정당한 사유 없이 이행하지 아니한 자

정답 ③

문7 청원경찰법령상 과태료에 관한 설명으로 옳지 <u>않은</u> 것은?

① 시·도경찰청장의 배치 결정을 받지 아니하고 청원경찰을 배치한 자에게는 500만 원 이하의 과태료를 부과한다.
② 과태료는 대통령령으로 정하는 바에 따라 시·도경찰청장이 부과·징수한다.
③ 경찰서장은 과태료 처분을 하였을 때에는 과태료 부과 및 징수 사항을 과태료 수납부에 기록하고 정리하여야 한다.
④ 경찰서장은 위반행위의 동기, 내용 및 위반의 정도 등을 고려하여 과태료 금액의 3분의 1의 범위에서 그 금액을 줄이거나 늘릴 수 있다.

정답 ④

02 청원경찰법 시행령

○ 청원경찰법 시행령

제1조(목적) 이 영은 「청원경찰법」에서 위임된 사항과 그 시행에 필요한 사항을 규정함을 목적으로 한다.

제2조(청원경찰의 배치 신청 등) 「청원경찰법」(이하 "법"이라 한다) 제4조제1항에 따라 청원경찰의 배치를 받으려는 자는 청원경찰 배치신청서에 다음 각 호의 서류를 첨부하여 법 제2조 각 호의 기관·시설·사업장 또는 장소(이하 "사업장"이라 한다)의 소재지를 관할하는 경찰서장(이하 "관할 경찰서장"이라 한다)을 거쳐 시·도경찰청장에게 제출하여야 한다. 이 경우 배치 장소가 둘 이상의 도(특별시, 광역시, 특별자치시 및 특별자치도를 포함한다. 이하 같다)일 때에는 '주된 사업장의 관할 경찰서장'을 거쳐 시·도경찰청장에게 한꺼번에 신청할 수 있다.
  1. 경비구역 평면도 1부
  2. 배치계획서 1부

제3조(임용자격) 법 제5조제3항에 따른 청원경찰의 임용자격은 다음 각 호와 같다.
  1. **18세 이상인 사람**
  2. 행정안전부령으로 정하는 신체조건에 해당하는 사람

> **시행규칙 제4조(임용의 신체조건)** 영 제3조제2호에 따른 신체조건은 다음 각 호와 같다.
>   1. 신체가 건강하고 팔다리가 완전할 것
>   2. 시력(교정시력을 포함한다)은 양쪽 눈이 각각 0.8 이상일 것

제4조(임용방법 등) ① 법 제4조제2항에 따라 청원경찰의 배치 결정을 받은 자(이하 **"청원주"라 한다**)는 법 제5조제1항에 따라 그 배치 결정의 통지를 받은 날부터 30일 이내에 배치 결정된 인원수의 '임용예정자'에 대하여 청원경찰 임용승인을 시·도경찰청장에게 신청하여야 한다.

② 청원주가 법 제5조제1항에 따라 청원경찰을 '임용'하였을 때에는 임용한 날부터 10일 이내에 그 임용사항을 관할 경찰서장을 거쳐 시·도경찰청장에게 보고하여야 한다. 청원경찰이 퇴직하였을 때에도 또한 같다. → *10심히 임용·퇴직

제5조(교육) ① 청원주는 청원경찰로 임용된 사람으로 하여금 경비구역에 배치하기 전에 경찰교육기관에서 직무 수행에 필요한 교육을 받게 하여야 한다. 다만, 경찰교육기관의 교육계획상 부득이하다고 인정할 때에는 우선 배치하고 임용 후 1년 이내에 교육을 받게 할 수 있다.

② 경찰공무원(의무경찰을 포함한다) 또는 청원경찰에서 퇴직한 사람이 퇴직한 날부터 **3년 이내에 청원경찰로 임용되었을 때에는 제1항에 따른 교육을 면제할 수 있다.** → *면제해야 한다(×). → *경비지도사 자격을 취득한 사람이 청원경찰로 임용되었을 때 면제할 수 있다(×).

③ 제1항의 교육기간·교육과목·수업시간 및 그 밖에 교육의 시행에 필요한 사항은 행정안전부령으로 정한다.

시행규칙 제6조(교육기간 등) 영 제5조제3항에 따른 **교육기간은 2주**로 하고, 교육과목 및 수업시간은 **별표 1**과 같다. → *신임교육기간

문1 청원경찰법령상 청원경찰의 교육에 관한 설명으로 옳지 <u>않은</u> 것은?

① 청원경찰의 교육과목에는 대공이론, 국가보안법, 통합방위법이 포함된다.
② 청원주는 소속 청원경찰에게 그 직무집행에 필요한 교육을 매월 4시간 이상 하여야 한다.
③ 청원경찰의 신임 교육기간은 2주로 한다.
④ 경찰공무원에서 퇴직한 사람이 퇴직한 날부터 3년 이내에 청원경찰로 임용되었을 때에는 배치 전 경찰교육기관에서 직무수행에 필요한 교육을 받는 것을 면제할 수 있다.

 ①

문2 청원경찰법령상 청원경찰의 교육에 관한 설명으로 옳지 <u>않은</u> 것은?

① 청원경찰은 배치하기 전에 직무수행에 필요한 교육을 받게 해야 한다. 다만 부득이한 경우에는 임용 후 2년 이내에 교육을 받게 할 수 있다.
② 청원경찰의 신임교육기간은 2주이다.
③ 청원주는 소속 청원경찰에게 매월 4시간 이상의 직무교육을 실시해야 한다.
④ 청원경찰의 신임교육과목에는 형사법, 경찰관 직무집행법, 화생방 등이 있다.

 ①

문3 청원경찰법령상 청원경찰의 배치 및 임용방법 등에 관한 설명으로 옳지 <u>않은</u> 것은?

① 청원경찰의 배치를 받으려는 자는 청원경찰 배치신청서에 경비구역 평면도 1부와 배치계획서 1부를 첨부해야 한다.
② 청원주는 청원경찰 배치 결정의 통지를 받은 날부터 30일 이내에 청원경찰 임용승인을 시·도경찰청장에게 신청해야 한다.
③ 청원주가 청원경찰을 임용하였을 때에는 임용한 날부터 10일 이내에 그 임용사항을 관할 경찰서장을 거쳐 시·도경찰청장에게 보고해야 한다.
④ 청원주는 청원경찰이 퇴직하였을 때에는 그 퇴직한 날부터 14일 이내에 시·도경찰청장에게 보고해야 한다.

 ④

문4 청원경찰법령상 청원경찰의 배치 등에 관한 설명으로 옳은 것은?

① 청원경찰을 배치 받으려는 자는 법령이 정하는 청원경찰 배치신청서를 경찰청장에게 직접 제출하여야 한다.
② 청원경찰 배치신청서에는 경비구역 평면도와 배치계획서 및 청원경찰경비에 관한 사항이 첨부되어야 한다.
③ 시·도경찰청장은 청원경찰 배치 신청을 받으면 1개월 이내에 그 배치 여부를 결정하여 신청인에게 알려야 한다.
④ 시·도경찰청장은 청원경찰의 배치가 필요하다고 인정되는 기관의 장에게 청원경찰을 배치할 것을 요청할 수 있다.

정답 ④

문5 청원경찰법령상 청원경찰의 교육 등에 관한 설명으로 옳지 않은 것은?

① 청원주는 청원경찰로 임용된 사람으로 하여금 경비구역에 배치하기 전에 경찰교육기관에서 직무 수행에 필요한 교육을 받게 하여야 한다. 다만, 경찰교육기관의 교육계획상 부득이하다고 인정할 때에는 우선 배치하고 임용 후 1년 이내에 교육을 받게 할 수 있다.
② 경비지도사 자격증을 취득한 사람이 청원경찰로 임용되었을 때에는 경찰교육기관에서 직무 수행에 필요한 교육을 면제할 수 있다.
③ 청원경찰의 직무 수행에 필요한 교육의 교육과목 및 수업시간표는 행정안전부령으로 정한다.
④ 청원경찰의 직무 수행에 필요한 교육의 교육과목 중 정신교육의 수업시간은 8시간이다.

정답 ②

제6조(배치 및 이동) ① 청원주는 청원경찰을 신규로 배치하거나 이동배치하였을 때에는 배치지(이동배치의 경우에는 '종전의 배치지')를 관할하는 '경찰서장'에게 그 사실을 통보하여야 한다.
② 제1항의 통보를 받은 경찰서장은 이동배치지가 다른 관할구역에 속할 때에는 '전입지'를 관할하는 경찰서장에게 이동배치한 사실을 통보하여야 한다.

문1 청원경찰법령상 청원경찰의 배치 및 이동에 관한 설명으로 옳은 것은?

① 청원경찰 배치신청서 제출 시, 배치 장소가 둘 이상의 도(道)일 때에는 경찰청장에게 한꺼번에 신청할 수 있다.

② 청원경찰의 배치를 받으려는 자는 청원경찰 배치신청서에 경비구역 평면도 1부와 청원경찰 명부 1부를 첨부하여야 한다.
③ 청원경찰을 배치받으려는 자는 대통령령으로 정하는 바에 따라 경찰청장에게 청원경찰 배치를 신청하여야 한다.
④ 청원주는 청원경찰을 신규로 배치하거나 이동배치하였을 때에는 배치지(이동배치의 경우에는 종전의 배치지)를 관할하는 경찰서장에게 그 사실을 통보하여야 한다.

정답 ④

문2 청원경찰법령상 청원경찰의 배치와 이동 등에 관한 설명으로 옳지 않은 것은?

① 청원경찰이 배치된 사업장이 배치인원의 변동사유 없이 다른 곳으로 이전하는 경우 청원주는 청원경찰의 배치를 폐지하거나 배치인원을 감축할 수 없다.
② 청원주는 배치폐지나 배치인원 감축으로 과원(課員)이 되는 청원경찰의 고용이 보장될 수 있도록 노력하여야 한다.
③ 청원주는 청원경찰을 신규로 배치하였을 때에는 배치지를 관할하는 경찰서장에게 그 사실을 통보하여야 한다.
④ 청원경찰의 이동배치의 통보를 받은 경찰서장은 이동배치지가 다른 관할 구역에 속할 때에는 전입지를 관할하는 시·도경찰청장에게 이동배치한 사실을 통보하여야 한다.

정답 ④

문3 청원경찰법령상 청원경찰의 배치와 이동에 관한 설명으로 옳지 않은 것은?

① 청원경찰을 배치받으려는 자는 대통령령으로 정하는 바에 따라 관할 시·도경찰청장에게 청원경찰 배치를 신청하여야 한다.
② 시·도경찰청장은 청원경찰 배치가 필요하다고 인정하는 기관의 장 또는 시설·사업장의 경영자에게 청원경찰을 배치할 것을 요청할 수 있다.
③ 청원주는 청원경찰을 이동배치 하였을 때에는 전입지를 관할하는 경찰서장에게 그 사실을 통보하여야 한다.
④ 청원주는 청원경찰이 배치된 기관·시설 또는 사업장 등이 변동사유 없이 다른 곳으로 이전하는 경우에는 청원경찰의 배치인원을 감축할 수 없다.

정답 ③

문4 청원경찰법령상 임용방법 등에 관한 내용이다. ( ) 안에 들어갈 내용을 순서대로 옳게 나열한 것은?

> - 청원주는 청원경찰의 배치 결정의 통지를 받은 날부터 ( )일 이내에 배치 결정된 인원수의 임용예정자에 대하여 청원경찰 임용승인을 시·도경찰청장에게 신청하여야 한다.
> - 청원주가 청원경찰을 임용하였을 때에는 임용한 날부터 ( )일 이내에 그 임용사항을 관할 경찰서장을 거쳐 시·도경찰청장에게 보고하여야 한다.

① 10, 30 ② 15, 30 ③ 30, 10 ④ 30, 15

정답 ③

문5 청원경찰법령상 청원경찰의 교육 및 배치에 관한 설명으로 옳은 것은?

① 청원경찰의 교육기간은 2주이며, 수업시간은 76시간이다.
② 경찰공무원으로 퇴직한 사람이 퇴직한 날부터 5년 이내에 청원경찰로 임용되었을 때에는 청원경찰 교육을 면제해야 한다.
③ 청원주의 사정상 부득이하다고 인정될 때에는 청원경찰을 우선 배치하고 임용 후 1년 이내에 청원경찰 교육을 받게 할 수 있다.
④ 청원경찰을 이동배치하여 이동배치지가 다른 관할구역에 속할 때에는 청원주는 전입지를 관할하는 경찰서장에게 그 사실을 통보해야 한다.

정답 ①

문6 청원경찰법령상의 내용으로 옳지 않은 것은?

① 법령에 의한 청원경찰 임용의 신체조건 중 시력(교정시력을 포함)은 양쪽 눈이 각각 0.8 이상이어야 한다.
② 청원경찰의 배치를 받으려는 자는 대통령령으로 정하는 바에 따라 관할 시·도경찰청장에게 청원경찰 배치신청을 하여야 한다.
③ 청원주가 청원경찰을 신규로 배치한 때에는 배치지를 관할하는 시·도경찰청장에게 그 사실을 통보하여야 한다.
④ 청원경찰이 직무수행으로 인하여 사망한 경우 청원주는 사망한 청원경찰의 유족에게 보상금을 지급하여야 한다.

정답 ③

문7 청원경찰법령상 청원경찰에 대한 시·도경찰청장의 권한이 아닌 것은?

① 청원경찰 배치 결정
② 청원경찰의 배치 변경 통보 접수
③ 청원경찰의 무기휴대여부 결정
④ 청원경찰 임용 승인

정답 ②

제7조(복무) 법 제5조제4항에서 규정한 사항 외에 청원경찰의 복무에 관하여는 해당 사업장의 **취업규칙**에 따른다.

제8조(징계) ① **관할 경찰서장**은 청원경찰이 법 제5조의2제1항 각 호의 어느 하나에 해당한다고 인정되면 **'청원주'에게** 해당 청원경찰에 대하여 징계처분을 하도록 **요청**할 수 있다.

② 법 제5조의2제2항의 정직(停職)은 1개월 이상 3개월 이하로 하고, 그 기간에 청원경찰의 신분은 보유하나 직무에 종사하지 못하며, **보수의 3분의 2**를 줄인다.

③ 법 제5조의2제2항의 감봉은 1개월 이상 3개월 이하로 하고, 그 기간에 **보수의 3분의 1**을 줄인다.

④ 법 제5조의2제2항의 견책(譴責)은 전과(前過)에 대하여 훈계하고 회개하게 한다.

⑤ **청원주**는 청원경찰 배치 결정의 통지를 받았을 때에는 **통지를 받은 날부터 15일 이내에 청원경찰에 대한 징계규정을 제정하여 관할 시·도경찰청장에게 신고하여야 한다. 징계규정을 변경**할 때에도 또한 같다. → *징계규정 제정되었으니 15(일어)나!

⑥ 시·도경찰청장은 제5항에 따른 징계규정의 보완이 필요하다고 인정할 때에는 **'청원주'에게** 그 보완을 요구할 수 있다. → *관할경찰서장에게(×)

문 청원경찰법령상 청원경찰의 징계에 관한 설명으로 옳은 것은?

① 관할경찰서장은 청원경찰이 품위를 손상하는 행위를 한 때에는 징계절차를 거쳐 징계처분을 하여야 한다.
② 감봉은 1개월 이상 3개월 이하로 하고, 그 기간에 보수의 3분의 2를 줄인다.
③ 시·도경찰청장은 징계규정의 보완이 필요하다고 인정할 때에는 관할경찰서장에게 그 보완을 요구할 수 있다.
④ 견책(譴責)은 전과(前過)에 대하여 훈계하고 회개하게 한다.

정답 ④

제9조(국가기관 또는 지방자치단체에 근무하는 청원경찰의 보수) ① 법 제6조제2항에 따른 국가기관 또는 지방자치단체에 근무하는 청원경찰의 봉급은 별표 1과 같다.

② 법 제6조제2항에 따른 국가기관 또는 지방자치단체에 근무하는 청원경찰의 각종 수당은 「**공무원수당 등에 관한 규정**」에 따른 수당 중 **가계보전수당, 실비변상** 등으로 하며, 그 세부 항목은 **경찰청장이 정하여 고시**한다.

③ 법 제6조제2항에 따른 재직기간은 청원경찰로서 근무한 기간으로 한다.

제10조(국가기관 또는 지방자치단체에 근무하는 청원경찰 외의 청원경찰의 보수) 국가기관 또는 지방자치단체에 근무하는 청원경찰 **외의** 청원경찰의 봉급과 각종 수당은 법 제6조제3항에 따라 **경찰청장이 고시한 최저부담기준액 이상으로 지급**하여야 한다. 다만, 고시된 최저부담기준액이 배치된 사업장에서 같은 종류의 직무나 유사 직무에 종사하는 근로자에게 지급하는 임금보다 적을 때에는 그 사업장에서 같은 종류의 직무나 유사 직무에 종사하는 근로자에게 지급하는 임금에 상당하는 금액을 지급하여야 한다.

제11조(보수 산정 시의 경력 인정 등) ① 청원경찰의 보수 산정에 관하여 그 배치된 사업장의 '**취업규칙**'에 특별한 규정이 없는 경우에는 다음 각 호의 경력을 봉급 산정의 기준이 되는 경력에 **산입(算入)**하여야 한다.

1. 청원경찰로 근무한 경력
2. 군 또는 의무경찰에 복무한 경력
3. 수위·경비원·감시원 또는 그 밖에 청원경찰과 비슷한 직무에 종사하던 사람이 해당 사업장의 청원주에 의하여 청원경찰로 임용된 경우에는 그 직무에 종사한 경력
4. 국가기관 또는 지방자치단체에서 근무하는 청원경찰에 대해서는 국가기관 또는 지방자치단체에서 **상근(常勤)**으로 근무한 경력 → *'상근(常勤)'은 일정한 시간에 규칙적으로 출근하여 근무하는 것을, '비상근(非常勤)'은 그 반대로 일상적이고 규칙적인 근무를 하지 않는 것을 의미한다.

② 국가기관 또는 지방자치단체에 근무하는 청원경찰 보수의 호봉 간 승급기간은 경찰공무원의 승급기간에 관한 규정을 준용한다.

③ **국가기관 또는 지방자치단체에 근무하는 청원경찰 외의 청원경찰** 보수의 호봉 간 승급기간 및 승급액은 그 배치된 사업장의 '**취업규칙**'에 따르며, 이에 관한 취업규칙이 없을 때에는 '**순경**'의 승급에 관한 규정을 준용한다.

문1 청원경찰법령상 청원경찰의 보수산정 시의 경력 인정 등에 관한 규정이다. ( )에 들어갈 내용으로 옳은 것은?

> 국가기관 또는 지방자치단체에 근무하는 청원경찰 외의 청원경찰 보수의 호봉 간 승급기간 및 승급액은 그 배치된 (ㄱ)에 따르며, 이에 관한 (ㄱ)이 없을 때에는 (ㄴ)의 승급에 관한 규정을 준용한다.

① ㄱ : 정관, ㄴ : 순경
② ㄱ : 정관, ㄴ : 경장
③ ㄱ : 취업규칙, ㄴ : 순경
④ ㄱ : 취업규칙, ㄴ : 경장

정답 ③

문2 청원경찰법령상 청원경찰의 봉급 산정의 기준이 되는 경력에 산입되지 않는 것은?

① 청원경찰로 근무한 경력
② 군 또는 의무경찰에 복무한 경력
③ 수위·경비원·감시원 또는 그 밖에 청원경찰과 비슷한 직무에 종사하던 사람이 해당 사업장의 청원주에 의하여 청원경찰로 임용된 경우에는 그 직무에 종사한 경력
④ 국가기관 또는 공공단체에서 근무하는 청원경찰에 대해서는 국가기관 또는 공공단체에서 비상근(非常勤)으로 근무한 경력

정답 ④

문3 청원경찰법령상 A는 군복무를 필하고 청원경찰로 2년간 근무하였다가 퇴직하였다. 그후 다시 청원경찰로 임용되었다면 봉급산정에 있어서 산입되는 경력은? (단, A가 배치된 사업장의 취업규칙에 특별한 규정이 없는 것을 전제로 한다)

① 군 복무경력과 청원경찰로 근무한 경력 중 어느 하나만 산입하여야 한다.
② 군 복무경력은 반드시 산입하여야 하고, 청원경찰 경력은 산입하지 않아도 된다.
③ 군 복무경력과 청원경찰의 경력을 모두 산입하여야 한다.
④ 군 복무경력은 산입하지 않아도 되고, 청원경찰경력은 산입하여야 한다.

정답 ③

문4 청원경찰법령상 청원경찰의 보수산정에 관하여 그 배치된 사업장의 취업규칙에 특별한 규정이 없는 경우에 봉급 산정의 기준이 되는 경력에 불산입 되는 것으로 옳은 것은?

① 군복무한 경력
② 의무경찰에 복무한 경력
③ 청원경찰로 임용되어 근무한 경력
④ 지방자치단체에서 근무하는 청원경찰에 대해서는 지방자치단체에 비상근으로 근무한 경력

정답 ④

제12조(청원경찰경비의 고시 등) ① 법 제6조제1항 제1호부터 제3호까지의 청원경찰경비의 지급방법 또는 납부방법은 행정안전부령으로 정한다.
② 법 제6조제3항에 따른 청원경찰경비의 최저부담기준액 및 부담기준액은 경찰공무원 중 순경의 것을

고려하여 다음 연도분을 매년 12월에 고시하여야 한다. 다만, 부득이한 사유가 있을 때에는 수시로 고시할 수 있다.

> **시행규칙 제8조(청원경찰경비의 지급방법 등)** 영 제12조에 따른 청원경찰경비의 지급방법 및 납부방법은 다음 각 호와 같다.
> 1. 봉급과 각종 수당은 청원주가 그 청원경찰이 배치된 기관·시설·사업장 또는 장소(이하 "사업장"이라 한다)의 직원에 대한 보수 지급일에 청원경찰에게 직접 지급한다.
> 2. 피복은 청원주가 제작하거나 구입하여 별표 2에 따른 정기지급일 또는 신규 배치 시에 청원경찰에게 현품으로 지급한다.
> 3. 교육비는 청원주가 해당 청원경찰의 입교(入校) 3일 전에 해당 경찰교육기관에 낸다.

제13조(보상금) 청원주는 법 제7조에 따른 보상금의 지급을 이행하기 위하여 「산업재해보상보험법」에 따른 산업재해보상보험에 가입하거나, 「근로기준법」에 따라 보상금을 지급하기 위한 재원(財源)을 따로 마련하여야 한다.

제14조(복제) ① 청원경찰의 복제(服制)는 제복·장구(裝具) 및 부속물로 구분한다.
② 청원경찰의 **제복·장구 및 부속물에 관하여 필요한 사항은 행정안전부령**으로 정한다.
③ 청원경찰이 그 배치지의 특수성 등으로 **특수복장을 착용할 필요가 있을 때에는 청원주**는 '**시·도경찰청장의 승인**'을 받아 특수복장을 착용하게 할 수 있다.

제15조(분사기 휴대) 청원주는 「총포·도검·화약류 등의 안전관리에 관한 법률」에 따른 분사기의 소지허가를 받아 청원경찰로 하여금 그 분사기를 휴대하여 직무를 수행하게 할 수 있다.

제16조(무기 휴대) ① 청원주가 법 제8조제2항에 따라 청원경찰이 휴대할 무기를 대여받으려는 경우에는 관할 경찰서장을 거쳐 시·도경찰청장에게 무기대여를 신청하여야 한다.
② 제1항의 '신청을 받은 시·도경찰청장이 무기를 대여하여 휴대하게 하려는 경우'에는 청원주로부터 국가에 기부채납된 무기에 한정하여 관할 경찰서장으로 하여금 무기를 대여하여 휴대하게 할 수 있다.
→ *직권으로(×)
③ 제1항에 따라 **무기를 대여하였을 때에는 관할 경찰서장은 청원경찰의 무기관리 상황을 수시로 점검하여야 한다.** → *매월 1회 이상(×)
④ 청원주 및 청원경찰은 **행정안전부령으로 정하는 '무기관리수칙'**을 준수하여야 한다.

> **시행규칙 제16조(무기관리수칙)** ① 영 제16조에 따라 무기와 탄약을 대여 받은 청원주는 다음 각 호에 따라 무기와 탄약을 관리해야 한다.
> 1. 청원주가 무기와 탄약을 대여받았을 때에는 '**경찰청장**'이 정하는 무기·탄약 출납부 및 무기장비 운영카드를 갖춰 두고 기록하여야 한다.
> 2. 청원주는 무기와 탄약의 관리를 위하여 관리책임자를 지정하고 관할 '경찰서장'에게 그 사실을 통보하여야 한다. → 시·도경찰청장에게 통보(×)
> 3. 무기고 및 탄약고는 <u>단층에 설치</u>하고 환기·방습·방화 및 총받침대 등의 시설을 갖추어야 한다.

4. **탄약고는 무기고와 떨어진 곳에 설치하고,** 그 위치는 사무실이나 그 밖에 여러 사람을 수용하거나 여러 사람이 오고 가는 시설로부터 격리되어야 한다.
5. 무기고와 탄약고에는 이중 잠금장치를 하고, 열쇠는 '관리책임자'가 보관하되, 근무시간 이후에는 '숙직책임자'에게 인계하여 보관시켜야 한다.
6. 청원주는 경찰청장이 정하는 바에 따라 매월 무기와 탄약의 관리 실태를 파악하여 **다음 달 3일까지** 관할 경찰서장에게 통보하여야 한다.
7. 청원주는 대여 받은 무기와 탄약이 분실되거나 도난당하거나 빼앗기거나 훼손되는 등의 사고가 발생했을 때에는 **지체 없이** 그 사유를 관할 경찰서장에게 통보해야 한다.
8. 청원주는 무기와 탄약이 분실되거나 도난당하거나 빼앗기거나 훼손되었을 때에는 **'경찰청장'이 정하는 바에 따라 그 전액을 배상해야 한다.** 다만, 전시·사변·천재지변이나 그 밖의 불가항력적인 사유가 있다고 **'시·도경찰청장'**이 인정하였을 때에는 그렇지 않다. → *주체가 다름에 주의할 것!

② 영 제16조에 따라 무기와 탄약을 대여 받은 청원주가 청원경찰에게 무기와 탄약을 출납하려는 경우에는 다음 각 호에 따라야 한다. 다만, **관할 경찰서장의 지시에 따라** 제2호에 따른 탄약의 수를 늘리거나 줄일 수 있고, 무기와 탄약의 출납을 중지할 수 있으며, 무기와 탄약을 회수하여 집중 관리할 수 있다.
1. 무기와 탄약을 출납하였을 때에는 무기·탄약 출납부에 그 출납사항을 기록하여야 한다.
2. 소총의 탄약은 1정당 15발 이내, 권총의 탄약은 1정당 7발 이내로 출납하여야 한다. 이 경우 생산된 후 오래된 탄약을 우선하여 출납하여야 한다.
3. **청원경찰에게 지급한 무기와 탄약은 매주 1회 이상 손질하게 하여야 한다.**
4. 수리가 필요한 무기가 있을 때에는 그 목록과 무기장비 운영카드를 첨부하여 **관할 '경찰서장'에게 수리를 요청할 수 있다.**

③ 청원주로부터 무기와 탄약을 지급받은 청원경찰은 다음 각 호의 사항을 준수하여야 한다.
1. 무기를 지급받거나 반납할 때 또는 인계인수할 때에는 반드시 "앞에 총" 자세에서 "검사 총"을 하여야 한다.
2. 무기와 탄약을 지급받았을 때에는 별도의 지시가 없으면 무기와 탄약을 분리하여 휴대하여야 하며, 소총은 "우로 어깨 걸어 총"의 자세를 유지하고, 권총은 "권총집에 넣어 총"의 자세를 유지하여야 한다.
3. 지급받은 무기는 다른 사람에게 보관 또는 휴대하게 할 수 없으며 손질을 의뢰할 수 없다.
4. 무기를 손질하거나 조작할 때에는 반드시 총구를 공중으로 향하게 하여야 한다.
5. 무기와 탄약을 반납할 때에는 손질을 철저히 하여야 한다.
6. 근무시간 이후에는 무기와 탄약을 청원주에게 반납하거나 교대근무자에게 인계하여야 한다.

④ 청원주는 다음 각 호의 어느 하나에 해당하는 청원경찰에게 무기와 탄약을 지급해서는 안 되며, 지급한 무기와 탄약은 즉시 회수해야 한다.
1. 직무상 비위(非違)로 징계 대상이 된 사람

2. 형사사건으로 조사 대상이 된 사람
　　3. 사직 의사를 밝힌 사람
　　4. 치매, 조현병, 조현정동장애, 양극성 정동장애(조울병), 재발성 우울장애 등의 정신질환으로 인하여 무기와 탄약의 휴대가 적합하지 않다고 해당 분야 전문의가 인정하는 사람
　　5. 제1호부터 제4호까지의 규정 중 어느 하나에 준하는 사유로 청원주가 무기와 탄약을 지급하기에 적절하지 않다고 인정하는 사람
⑤ 청원주는 제4항에 따라 무기와 탄약을 지급하지 않거나 회수할 때에는 별지 제5호의2서식의 결정 통지서를 작성하여 지체 없이 해당 청원경찰에게 통지해야 한다. 다만, 지급한 무기와 탄약의 신속한 회수가 필요하다고 인정되는 경우에는 무기와 탄약을 먼저 회수한 후 통지서를 내줄 수 있다.
⑥ 청원주는 제4항에 따라 청원경찰에게 **무기와 탄약을 지급하지 않거나 회수한 경우 7일 이내**에 관할 경찰서장에게 별지 제5호의3서식의 결정 통보서를 작성하여 통보해야 한다.
⑦ 제6항에 따라 **통보를 받은 관할 경찰서장은** 통보받은 날부터 **14일 이내에 무기와 탄약의 지급 제한 또는 회수의 적정성을 판단하기 위해 현장을 방문**하여 해당 청원경찰의 의견을 청취하고 필요한 조치를 할 수 있다.
⑧ 청원주는 제4항 각 호의 사유가 소멸하게 된 경우에는 청원경찰에게 무기와 탄약을 지급할 수 있다.

제17조(감독) 관할 경찰서장은 매달 1회 이상 청원경찰을 배치한 경비구역에 대하여 다음 각 호의 사항을 감독하여야 한다.
　1. 복무규율과 근무 상황
　2. 무기의 관리 및 취급 사항

제18조(청원경찰의 신분) 청원경찰은 「형법」이나 그 밖의 법령에 따른 벌칙을 적용하는 경우와 법 및 이 영에서 특별히 규정한 경우를 제외하고는 공무원으로 보지 아니한다.

제19조(근무 배치 등의 위임) ① 「경비업법」에 따른 경비업자(이하 이 조에서 "경비업자"라 한다)가 중요 시설의 경비를 도급받았을 때에는 '청원주'는 그 사업장에 배치된 청원경찰의 근무 배치 및 감독에 관한 권한을 해당 경비업자에게 위임할 수 있다.
② 청원주는 제1항에 따라 경비업자에게 청원경찰의 근무 배치 및 감독에 관한 권한을 위임한 경우에 이를 이유로 청원경찰의 보수나 신분상의 불이익을 주어서는 아니 된다.

제20조(권한의 위임) 시·도경찰청장은 법 제10조의3에 따라 다음 각 호의 권한을 관할 '경찰서장에게 위임'한다. 다만, 청원경찰을 배치하고 있는 사업장이 하나의 경찰서의 관할구역에 있는 경우로 한정한다. → *배/임//지도·감독/과
　1. 법 제4조제2항 및 제3항에 따른 청원경찰 배치의 결정 및 요청에 관한 권한
　2. 법 제5조제1항에 따른 청원경찰의 임용승인에 관한 권한
　3. 법 제9조의3제2항에 따른 청원주에 대한 지도 및 감독상 필요한 명령에 관한 권한
　4. 법 제12조에 따른 과태료 부과·징수에 관한 권한

문1 청원경찰법령상 관할 경찰서장에게 위임할 수 있는 시·도경찰청장의 권한이 아닌 것은?

① 청원경찰 배치의 결정 및 요청
② 청원경찰의 임용승인
③ 청원경찰의 징계처분 요청
④ 청원경찰법상 과태료 부과·징수

해설

> 제8조(징계) ① <u>관할 경찰서장</u>은 청원경찰이 법 제5조의2제1항 각 호의 어느 하나에 해당한다고 인정되면 '청원주'에게 해당 청원경찰에 대하여 징계처분을 하도록 요청할 수 있다.

정답 ③

문2 청원경찰법령상 청원경찰의 복제(服制)와 무기 휴대에 관한 설명으로 옳지 않은 것은?

① 시·도경찰청장은 청원경찰이 직무를 수행하기 위하여 필요하다고 인정하면 청원주의 신청을 받아 관할 경찰서장으로 하여금 청원경찰에게 무기를 대여하여 지니게 할 수 있다.
② 청원경찰이 특수복장을 착용할 필요가 있을 때에는 청원주는 관할 경찰서장의 승인을 받아 특수복장을 착용하게 할 수 있다.
③ 청원주에게 무기를 대여하였을 때에 관할 경찰서장은 청원경찰의 무기관리상황을 수시로 점검하여야 한다.
④ 청원경찰은 평상근무 중에는 정모, 근무복, 단화, 호루라기, 경찰봉 및 포승을 착용하거나 휴대하여야 한다.

정답 ②

문3 청원경찰법령상 청원경찰을 배치하고 있는 사업장이 하나의 경찰서 관할구역 안에 있는 경우 시·도경찰청장이 관할 경찰서장에게 위임할 수 없는 권한은?

① 청원경찰의 배치결정 및 요청에 관한 권한
② 청원경찰의 임용승인에 관한 권한
③ 청원경찰의 특수복장 착용에 대한 승인 권한
④ 과태료 부과·징수에 관한 권한

정답 ③

문4 청원경찰법령상 청원경찰을 배치하고 있는 사업장이 하나의 경찰서 관할구역에 있는 경우, 시·도경찰청장이 관할 경찰서장에게 위임하는 권한으로 명시되지 않은 것은?

① 청원경찰 배치의 결정 및 요청에 관한 권한
② 청원경찰의 임용승인에 관한 권한
③ 무기의 관리 및 취급사항을 감독하는 권한
④ 청원주에 대한 지도 및 감독상 필요한 명령에 관한 권한

정답 ③

문5 청원경찰법령상 청원경찰의 분사기 및 무기휴대에 관한 설명으로 옳은 것은?

① 관할 경찰서장은 대여한 청원경찰의 무기관리 상황을 월 1회 이상 점검하여야 한다.
② 청원경찰은 평상근무 중에 총기를 휴대하지 아니할 때에는 분사기를 휴대하여야 한다.
③ 청원주는 「위험물안전관리법」에 따른 분사기의 소지허가를 받아 청원경찰로 하여금 그 분사기를 휴대하여 직무를 수행하게 할 수 있다.
④ 관할 경찰서장은 청원경찰이 직무를 수행하기 위하여 필요하다고 인정하면 직권으로 청원경찰에게 무기를 대여하여 지니게 할 수 있다.

정답 ②

문6 청원경찰법령상 배상책임과 권한의 위임에 관한 설명으로 옳은 것은?

① 시·도경찰청장은 청원경찰의 임용승인에 관한 권한을 대통령령으로 관할경찰서장에게 위임할 수 있다.
② 경비업자가 중요시설의 경비를 도급받았을 때에는 청원주는 그 사업장에 배치된 청원경찰의 근무 배치 및 감독에 관한 권한을 해당 경비업자에게 위임할 수 없다.
③ 공기업에 근무하는 청원경찰의 직무상 불법행위로 인한 배상책임은 국가배상법에 의한다.
④ 국가기관에 근무하는 청원경찰의 직무상 불법행위로 인한 배상책임에 관해서는 민법의 규정에 의한다.

정답 ①

문7 청원경찰을 배치한 A은행은 서울 서초구 서초동에 소재하고 있다. 이 경우 청원경찰법령상 서울지방경찰청장이 서초경찰서장에게 위임할 수 있는 권한으로 옳지 <u>않은</u> 것은?

① 청원경찰 배치의 결정 및 요청에 관한 권한
② 청원경찰 임용승인에 관한 권한
③ 청원주에 대한 지도 및 감독상 필요한 명령에 관한 권한
④ 청원경찰의 무기 대여 및 휴대에 관한 권한

정답 ④

문8 청원경찰법령상 청원주가 무기와 탄약을 지급할 수 있는 청원경찰은?

① 직무상 비위(非違)로 징계 대상이 된 사람
② 사직의사를 밝힌 사람
③ 형사사건으로 조사 대상이 된 사람
④ 근무 중 휴대전화를 자주 사용하는 사람

정답 ④

문9 청원경찰법령상 무기관리수칙에 관한 설명으로 옳지 <u>않은</u> 것은?

① 청원주는 청원경찰에게 지급한 무기와 탄약을 매주 1회 이상 손질하게 하여야 한다.
② 청원주는 사직의사를 밝힌 청원경찰에게 무기와 탄약을 지급해서는 안 된다.
③ 청원주는 수리가 필요한 무기가 있을 때에는 그 목록과 무기장비 운영카드를 첨부하여 관할 시·도경찰청장에게 수리를 요청할 수 있다.
④ 청원경찰은 무기를 지급받거나 반납할 때 또는 인수인계할 때에는 반드시 '앞에 총' 자세에서 '검사 총'을 하여야 한다.

정답 ③

문10 청원경찰법령에 관한 내용으로 옳지 <u>않은</u> 것은?

① 청원경찰 업무에 종사하는 사람은 「형법」이나 그 밖의 법령에 따른 벌칙을 적용할 때에는 공무원으로 본다.

② 「경비업법」에 따른 경비업자가 중요 시설의 경비를 도급받았을 때에는 시·도경찰청장은 그 사업장에 배치된 청원경찰의 근무 배치 및 감독에 관한 권한을 해당 경비업자에게 위임할 수 있다.
③ 관할 경찰서장은 매달 1회 이상 청원경찰을 배치한 경비구역에 대하여 복무규율과 근무상황, 무기의 관리 및 취급 사항을 감독하여야 한다.
④ 청원경찰을 배치하고 있는 사업장이 하나의 경찰서의 관할구역에 있는 경우 시·도경찰청장은 청원주에 대한 지도 및 감독상 필요한 명령에 관한 권한을 관할 경찰서장에게 위임한다.

정답 ②

문11 청원경찰법령상 무기관리수칙 등에 관한 설명으로 옳지 않은 것은?

① 청원주는 무기와 탄약의 관리를 위하여 관리책임자를 지정하고 관할 경찰서장을 거쳐 관할 시·도경찰청장에게 그 사실을 통보하여야 한다.
② 청원주가 청원경찰이 휴대할 무기를 대여받으려는 경우에는 관할 경찰서장을 거쳐 시·도경찰청장에게 무기대여를 신청하여야 한다.
③ 대여받은 무기와 탄약을 청원주가 청원경찰에게 출납하려는 경우에는 원칙적으로 소총의 탄약은 1정당 15발 이내, 권총의 탄약은 1정당 7발 이내로 출납하여야 한다.
④ 청원주는 무기와 탄약을 출납하였을 때에는 무기·탄약출납부에 그 출납사항을 기록하여야 한다.

정답 ①

문12 청원경찰법령상 무기관리수칙에 관한 설명으로 옳지 않은 것은?

① 청원주가 무기 및 탄약을 대여받았을 때에는 경찰청장이 정하는 무기탄약출납부 및 무기장비운영카드를 비치·기록하여야 한다.
② 청원주는 무기 및 탄약의 관리를 위하여 관리책임자를 지정하고 관할 경찰서장에게 이를 통보하여야 한다.
③ 무기고 및 탄약고는 복층에 설치하고 환기·방습·방화 및 총받침대 등의 시설을 갖추어야 한다.
④ 탄약고는 무기고와 떨어진 곳에 설치하고, 그 위치는 사무실이나 그 밖에 여러 사람을 수용하거나 여러 사람이 오고 가는 시설로부터 격리되어야 한다.

정답 ③

문13 청원경찰법령상 매월 1회 이상 청원경찰을 배치한 경비구역에 대하여 복무규율과 근무상황, 무기의 관리 및 취급 사항을 감독하여야 하는 자는?

① 청원주
② 관할 경찰서장
③ 시·도경찰청장
④ 경찰청장

정답

제20조의2(민감정보 및 고유식별정보의 처리) 시·도경찰청장 또는 경찰서장은 다음 각 호의 사무를 수행하기 위하여 불가피한 경우 「개인정보 보호법」 제23조에 따른 건강에 관한 정보와 같은 법 시행령 제18조제2호에 따른 범죄경력자료에 해당하는 정보, 같은 영 제19조제1호 또는 제4호에 따른 주민등록번호 또는 외국인등록번호가 포함된 자료를 처리할 수 있다.

1. 법 및 이 영에 따른 청원경찰의 임용, 배치 등 인사관리에 관한 사무
2. 법 제8조에 따른 청원경찰의 제복 착용 및 무기 휴대에 관한 사무
3. 법 제9조의3에 따른 청원주에 대한 지도·감독에 관한 사무
4. 제1호부터 제3호까지의 규정에 따른 사무를 수행하기 위하여 필요한 사무

제20조의3 삭제

제21조(과태료의 부과기준 등) ① 법 제12조제1항에 따른 과태료의 부과기준은 별표 2와 같다.
② <u>시·도경찰청장</u>은 위반행위의 동기, 내용 및 위반의 정도 등을 고려하여 별표 2에 따른 과태료 금액의 100분의 50의 범위에서 그 금액을 줄이거나 늘릴 수 있다. 다만, 늘리는 경우에는 법 제12조제1항에 따른 과태료 금액의 상한을 초과할 수 없다.

■ 청원경찰법 시행령 [별표 2]

과태료의 부과기준(제21조제1항 관련)

위반행위	해당 법조문	과태료 금액
1. 법 제4조제2항에 따른 시·도경찰청장의 배치 결정을 받지 않고 다음 각 목의 시설에 청원경찰을 배치한 경우	법 제12조 제1항제1호	
가. 국가 중요 시설(국가정보원장이 지정하는 국가보안 목표시설을 말한다)인 경우		**500만원**
나. 가목에 따른 국가 중요 시설 외의 시설인 경우		400만원
2. 법 제5조제1항에 따른 **시·도경찰청장의 승인을 받지 않고** 다음 각 목의 청원경찰을 임용한 경우	법 제12조 제1항제1호	
가. 법 제5조제2항에 따른 **임용 결격사유에 해당하는 청원경찰**		**500만원**
나. 법 제5조제2항에 따른 **임용 결격사유에 해당하지 않고 청원경찰**		300만원
3. 정당한 사유 없이 법 제6조제3항에 따라 경찰청장이 고시한 최저부담기준액 이상의 보수를 지급하지 않은 경우	법 제12조 제1항제2호	**500만원**
4. 법 제9조의3제2항에 따른 시·도경찰청장의 감독상 필요한 다음 각 목의 명령을 정당한 사유 없이 이행하지 않은 경우	법 제12조 제1항제3호	
가. 총기·실탄 및 분사기에 관한 명령		**500만원**
나. 가목에 따른 명령 외의 명령 → *주의할 것		300만원

문1 청원경찰법령상 과태료에 관한 설명으로 옳지 않은 것은?

① 과태료는 대통령령으로 정하는 바에 따라 시·도경찰청장이 부과·징수한다.
② 정당한 사유 없이 경찰청장이 고시한 최저부담기준액 이상의 보수를 지급하지 아니한 자에게는 300만 원 이하의 과태료를 부과한다.
③ 시·도경찰청장의 배치 결정을 받지 아니하고 청원경찰을 배치하거나 시·도경찰청장의 승인을 받지 아니하고 청원경찰을 임용한 자에게는 500만 원 이하의 과태료를 부과한다.
④ 시·도경찰청장은 위반행위의 동기, 내용 및 위반의 정도 등을 고려하여 과태료 금액의 100분의 50 범위에서 그 금액을 줄이거나 늘릴 수 있다.

정답 ②

문2 청원경찰법령상 과태료 부과기준 금액이 500만 원에 해당하지 않는 경우는?

① 임용 결격사유에 해당하지 않는 청원경찰을 시·도경찰청장의 승인을 받지 않고 임용한 경우
② 시·도경찰청장의 배치결정을 받지 않고 국가정보원장이 지정하는 국가보안 목표시설에 청원경찰을 배치한 경우
③ 정당한 사유 없이 경찰청장이 고시한 최저부담기준액 이상의 보수를 지급하지 않은 경우
④ 시·도경찰청장이 감독상 필요한 총기·실탄 및 분사기에 관한 명령을 정당한 사유 없이 이행하지 않은 경우

정답 ①

문3 청원경찰법령상 과태료 부과기준 금액이 500만 원에 해당하지 않는 경우는?

① 시·도경찰청장의 배치결정을 받지 않고 국가정보원장이 지정하는 국가보안 목표시설에 청원경찰을 배치한 경우
② 정당한 사유 없이 경찰청장이 고시한 최저부담기준액 이상의 보수를 지급하지 않은 경우
③ 시·도경찰청장의 감독상 필요한 분사기에 관한 명령을 정당한 사유 없이 이행하지 않은 경우
④ 시·도경찰청장의 승인을 받지 않고 임용 결격사유에 해당하지 않는 사람을 청원경찰에 임용한 경우

정답 ④

문4 청원경찰법 제12조 (과태료) 제2항에 관한 규정이다. ( ) 안에 들어갈 내용으로 옳은 것은?

> 제1항에 따른 과태료는 대통령령으로 정하는 바에 따라 ( )이(가) 부과·징수한다.

① 경찰청장
② 시·도경찰청장
③ 지방자치단체장
④ 청원주

정답 ②

문5 청원경찰법령상 과태료의 부과기준금액이 가장 적은 것은? (단, 과태료의 경감이나 가중은 고려하지 않는다.)

① 시·도경찰청장의 승인을 받지 않고 임용 결격사유에 해당하는 청원경찰을 임용한 경우
② 시·도경찰청장의 배치 결정을 받지 않고 국가중요시설 외의 시설에 청원경찰을 배치한 경우
③ 정당한 사유 없이 경찰청장이 고시한 최저부담기준액 이상의 보수를 지급하지 않은 경우
④ 총기·실탄 및 분사기 시·도경찰청장의 감독상 필요한 명령을 정당한 사유 없이 이행하지 않은 경우

정답 ②

문6 청원경찰법령상 다음의 위반행위에 따른 과태료 부과기준으로 옳게 짝지어진 것은?

> ㄱ. 시·도경찰청장의 감독상 필요한 총기·실탄 및 분사기에 관한 명령을 정당한 사유 없이 이행하지 않은 경우
> ㄴ. 시·도경찰청장의 승인을 받지 않고 국가공무원법상 임용결격사유에 해당하는 청원경찰을 임용한 경우

① ㄱ : 300만 원, ㄴ : 400만 원
② ㄱ : 400만 원, ㄴ : 400만 원
③ ㄱ : 400만 원, ㄴ : 500만 원
④ ㄱ : 500만 원, ㄴ : 500만 원

정답 ④

문6 청원경찰법령상 과태료 부과기준에서 과태료 금액이 다른 것은?

① 시·도경찰청장의 배치 결정을 받지 않고 국가중요시설(국가정보원장이 지정하는 국가보안목표시설을 말한다)에 청원경찰을 배치한 경우
② 시·도경찰청장의 승인을 받지 않고 임용 결격사유에 해당하는 청원경찰을 임용한 경우
③ 시·도경찰청장의 감독상 필요한 복무규율과 근무 상황에 관한 명령을 정당한 사유 없이 이행하지 않은 경우
④ 정당한 사유 없이 경찰청장이 고시한 최저부담기준액 이상의 보수를 지급하지 않은 경우

정답 ③

03 청원경찰법 시행규칙

○ **청원경찰법 시행규칙**

제1조(목적) 이 규칙은 「청원경찰법」 및 같은 법 시행령에서 위임된 사항과 그 시행에 필요한 사항을 규정함을 목적으로 한다.

제2조(배치 대상) 「청원경찰법」(이하 "법"이라 한다) 제2조제3호에서 "그 밖에 행정안전부령으로 정하는 중요 시설, 사업장 또는 장소"란 다음 각 호의 시설, 사업장 또는 장소를 말한다. → *5곳

1. <u>선박, 항공기 등 수송시설</u>
2. 금융 또는 보험을 업(業)으로 하는 시설 또는 사업장
3. 언론, 통신, 방송 또는 인쇄를 업으로 하는 시설 또는 사업장
4. 학교 등 육영시설
5. <u>「의료법」에 따른 의료기관</u>
6. 그 밖에 공공의 안녕질서 유지와 국민경제를 위하여 고도의 경비(警備)가 필요한 중요 시설, 사업체 또는 장소

제3조(청원경찰 배치신청서 등) ① 「청원경찰법 시행령」(이하 "영"이라 한다) 제2조에 따른 청원경찰 배치신청서는 별지 제1호 서식에 따른다.

② 법 제4조제2항에 따른 청원경찰 배치 결정 통지 또는 청원경찰 배치 불허 통지는 별지 제2호 서식에 따른다.

제4조(임용의 신체조건) 영 제3조제2호에 따른 신체조건은 다음 각 호와 같다.

1. 신체가 건강하고 팔다리가 완전할 것
2. 시력(교정시력을 포함한다)은 양쪽 눈이 각각 0.8 이상일 것

제5조(임용승인신청서 등) ① 법 제4조제2항에 따라 <u>청원경찰의 배치 결정을 받은 자</u>[이하 "청원주"(청원주)라 한다]가 영 제4조제1항에 따라 <u>시·도경찰청장에게 청원경찰 임용승인을 신청</u>할 때에는 별지 제3호서식의 청원경찰 임용승인신청서에 그 해당자에 관한 다음 각 호의 서류를 첨부해야 한다.

1. 이력서 1부
2. **주민등록증 사본 1부** → *주민등록등본(×)
3. 민간인 신원진술서(「보안업무규정」 제36조에 따른 신원조사가 필요한 경우만 해당한다) 1부
4. 최근 3개월 이내에 발행한 채용신체검사서 또는 취업용 건강진단서 1부
5. 가족관계등록부 중 **기본증명서 1부** → *가족관계증명서(×)

② 제1항에 따른 신청서를 제출받은 시·도경찰청장은 「전자정부법」 제36조제1항에 따라 행정정보의 공동이용을 통하여 해당자의 병적증명서를 확인하여야 한다. 다만, 그 해당자가 확인에 동의하지 아니할 때에는 해당 서류를 첨부하도록 하여야 한다.

문1 청원경찰법령상 청원경찰 임용승인신청서의 첨부서류에 해당하지 <u>않는</u> 것은?

① 이력서 1부
② 주민등록등본 1부
③ 가족관계등록부 중 기본증명서 1부
④ 최근 3개월 이내에 발행한 채용신체검사서 1부

정답 ②

문2 청원경찰법령상 청원주가 시·도경찰청장에게 청원경찰 임용승인을 신청할 때 청원경찰 임용승인신청서에 첨부해야 하는 서류가 <u>아닌</u> 것은?

① 주민등록증 사본 1부
② 가족관계등록부 중 가족관계증명서 1부
③ 보안업무규정에 따른 신원조사가 필요한 경우 민간인 신원진술서 1부
④ 최근 3개월 이내에 발행한 채용신체검사서 또는 취업용 건강진단서 1부

정답 ②

문3 청원경찰법령상 명시된 청원경찰의 배치 대상이 아닌 것은?

① 선박, 항공기 등 수송시설
② 보험을 업으로 하는 시설
③ 「의료법」에 따른 의료기관
④ 「사회복지사업법」에 따른 사회복지시설

정답 ④

제6조(교육기간 등) 영 제5조제3항에 따른 **교육기간은 2주로** 하고, 교육과목 및 수업시간은 별표 1과 같다.

제7조(청원경찰 배치통보서 등) 영 제6조제1항에 따른 청원경찰 배치 통보 및 영 제6조제2항에 따른 청원경찰 전출 통보는 별지 제4호 서식에 따른다.

제8조(청원경찰경비의 지급방법 등) 영 제12조에 따른 청원경찰경비의 지급방법 및 납부방법은 다음 각 호와 같다.

1. 봉급과 각종 수당은 청원주가 그 청원경찰이 배치된 기관·시설·사업장 또는 장소(이하 "사업장"이라 한다)의 직원에 대한 보수 지급일에 청원경찰에게 직접 지급한다.
2. 피복은 청원주가 제작하거나 구입하여 별표 2에 따른 정기지급일 또는 신규 배치 시에 청원경찰

에게 현품으로 지급한다.
3. 교육비는 청원주가 해당 청원경찰의 입교(入校) 3일 전에 해당 경찰교육기관에 낸다.

제9조(복제) ① 영 제14조에 따른 청원경찰의 제복·장구(裝具) 및 부속물의 종류는 다음 각 호와 같다.
1. 제복 : 정모(正帽), 기동모(활동에 편한 모자를 말한다. 이하 같다), 근무복(하복, 동복), 한여름 옷, 기동복, 점퍼, 비옷, 방한복, 외투, 단화, 기동화 및 방한화
2. **장구 : 허리띠, 경찰봉, 호루라기 및 포승(捕繩)** → *장구를 '허리띠에 차고 경포호'에 가자!
3. 부속물 : 모자표장, 가슴표장, 휘장, 계급장, 넥타이핀, 단추 및 장갑

② 영 제14조에 따른 청원경찰의 제복·장구(裝具) 및 부속물의 형태·규격 및 재질은 다음 각 호와 같다.
1. **제복의 형태·규격 및 재질은 청원주가 결정**하되, 경찰공무원 또는 군인 제복의 색상과 명확하게 구별될 수 있어야 하며, 사업장별로 통일해야 한다. **다만, 기동모와 기동복의 색상은 진한 청색으로 하고,** 기동복의 형태·규격은 별도 1과 같이 한다.
2. 장구의 형태·규격 및 재질은 경찰 장구와 같이 한다.
3. 부속물의 형태·규격 및 재질은 다음 각 목과 같이 한다.
   가. 모자표장의 형태·규격 및 재질은 별도 2와 같이 하되, **기동모의 표장은 정모 표장의 2분의 1 크기로 할 것.**
   나. 가슴표장, 휘장, 계급장, 넥타이핀 및 단추의 형태·규격 및 재질은 별도 3부터 별도 7까지와 같이 할 것.

③ 청원경찰은 평상근무 중에는 정모, 근무복, 단화, '호루라기, 경찰봉 및 포승'을 착용하거나 휴대하여야 하고, 총기를 휴대하지 아니할 때에는 분사기를 휴대하여야 하며, '교육훈련'이나 그 밖의 특수근무 중에는 기동모, 기동복, 기동화 및 휘장을 착용하거나 부착하되, '허리띠와 경찰봉은 착용하거나 휴대하지 아니할 수 있다'.

④ 가슴표장, 휘장 및 계급장을 달거나 부착할 위치는 별도 8과 같다.

제10조(제복의 착용시기) 하복·동복의 착용시기는 사업장별로 '청원주가 결정'하되, 착용시기를 통일하여야 한다.

제11조(신분증명서) ① 청원경찰의 **신분증명서는 청원주가 발행**하며, 그 형식은 청원주가 결정하되 사업장별로 통일하여야 한다.

② 청원경찰은 근무 중에는 항상 신분증명서를 휴대하여야 한다.

제12조(급여품 및 대여품) ① 청원경찰에게 지급하는 **급여품은 별표 2와 같고, 대여품은 별표 3**과 같다.

② 청원경찰이 퇴직할 때에는 **대여품을 청원주에게 반납**하여야 한다. → *대여품 : 허리/분/포/가슴/봉

문1 청원경찰법령상 청원경찰에게 지급하는 대여품에 해당하는 것은?

① 기동복　　　　　　　　② 가슴표장
③ 호루라기　　　　　　　④ 정모

정답 ②

문2 청원경찰법령상 청원경찰에게 지급하는 대여품에 해당하는 것은?

① 기동모
② 방한화
③ 허리띠
④ 근무복

정답 ③

문3 청원경찰법령상 청원경찰이 퇴직할 때 청원주에게 반납하여야 하는 것을 모두 고른 것은?

ㄱ. 허리띠	ㄴ. 근무복	ㄷ. 방한화
ㄹ. 호루라기	ㅁ. 가슴표장	ㅂ. 분사기
ㅅ. 포승	ㅇ. 기동복	

① ㄱ, ㄷ, ㅁ, ㅇ
② ㄱ, ㅁ, ㅂ, ㅅ
③ ㄴ, ㄷ, ㄹ, ㅁ
④ ㄴ, ㄹ, ㅂ, ㅅ

정답 ②

문4 청원경찰법령상 청원경찰의 복제(服制)에 관한 설명으로 옳지 않은 것은?

① 부속물에는 모자표장, 가슴표장, 휘장, 계급장, 넥타이핀, 단추 및 장갑이 있다.
② 제복의 형태·규격 및 재질은 청원주가 결정하되, 경찰공무원 또는 군인 제복의 색상과 명확하게 구별될 수 있어야 하며, 사업장별로 통일하여야 한다.
③ 청원경찰이 그 배치지의 특수성 등으로 특수복장을 착용할 필요가 있을 때에는 청원주는 시·도경찰청장의 승인을 받아 특수복장을 착용하게 할 수 있다.
④ 장구의 종류에는 허리띠, 경찰봉, 권총이 있다.

정답 ④

문5 청원경찰법령상 청원경찰의 제복착용 및 무기휴대에 관한 설명으로 옳은 것은?

① 청원경찰의 하복·동복의 착용시기는 사업장별로 관할 경찰서장이 결정한다.
② 제복의 형태·규격 및 재질은 청원주가 결정하되 사업장별로 통일하여야 한다.
③ 청원경찰은 교육훈련 중에도 허리띠와 경찰봉은 착용하거나 휴대해야 하나 휘장은 부착하지 아니할 수 있다.
④ 청원주 및 청원경찰은 대통령령으로 정하는 무기관리수칙을 준수하여야 한다.

정답 ②

문6 청원경찰법령상 청원경찰의 복제(服制)에 관한 설명으로 옳은 것은?

① 청원경찰의 기동모와 기동복의 색상은 진한 청색으로 한다.
② 청원경찰은 평상근무 중에는 정모, 근무복, 단화, 호루라기를 착용하거나 휴대하여야 하고, 경찰봉 및 포승은 휴대하지 아니할 수 있다.
③ 청원경찰이 그 배치지의 특수성 등으로 특수복장을 착용할 필요가 있을 때에는 청원주는 관할 경찰서장의 승인을 받아 특수복장을 착용하게 할 수 있다.
④ 청원경찰 장구의 종류는 경찰봉, 호루라기, 수갑 및 포승이다.

정답 ①

제13조(직무교육) ① 청원주는 소속 청원경찰에게 그 직무집행에 필요한 교육을 매월 4시간 이상 하여야 한다.
② 청원경찰이 배치된 사업장의 소재지를 관할하는 경찰서장(이하 "관할 경찰서장"이라 한다)은 필요하다고 인정하는 경우에는 그 사업장에 소속 공무원을 파견하여 직무집행에 필요한 교육을 할 수 있다.

제14조(근무요령) ① 자체경비를 하는 입초근무자(*서서 근무)는 경비구역의 정문이나 그 밖의 지정된 장소에서 경비구역의 내부, 외부 및 출입자의 움직임을 감시한다.
② 업무처리 및 자체경비를 하는 소내근무자(*내부 근무자)는 근무 중 특이한 사항이 발생하였을 때에는 지체 없이 청원주 또는 관할 경찰서장에게 보고하고 그 지시에 따라야 한다.
③ 순찰근무자는 청원주가 지정한 일정한 구역을 순회하면서 경비 임무를 수행한다. 이 경우 순찰은 단독 또는 복수로 정선순찰(정해진 노선을 규칙적으로 순찰하는 것을 말한다)을 하되, 청원주가 필요하다고 인정할 때에는 요점순찰(순찰구역 내 지정된 중요지점을 순찰하는 것을 말한다) 또는 난선순찰(임의로 순찰지역이나 노선을 선정하여 불규칙적으로 순찰하는 것을 말한다)을 할 수 있다.
④ 대기근무자는 소내근무에 협조하거나 휴식하면서 불의의 사고에 대비한다.

문1 청원경찰법령상 청원경찰의 근무요령에 관한 설명으로 옳은 것은 모두 몇 개인가?

- 대기근무자는 소내근무에 협조하거나 휴식하면서 불의의 사고에 대비한다.
- 순찰근무자는 청원주가 지정한 일정한 구역을 순회하면서 경비 임무를 수행한다. 이 경우 순찰은 단독 또는 복수로 정선순찰을 하되, 청원주가 필요하다고 인정할 때에는 요점순찰 또는 난선순찰을 할 수 있다.
- 소내근무자는 근무 중 특이한 사항이 발생하였을 때에는 지체 없이 청원주 또는 관할 경찰서장에게 보고하고 그 지시에 따라야 한다.
- 입초근무자는 경비구역의 정문이나 그 밖의 지정된 장소에서 경비구역의 내부, 외부 및 출입자의 움직임을 감시한다.

① 1개　　② 2개
③ 3개　　④ 4개

정답 ④

문2 청원경찰법령상 청원경찰의 근무요령에 관한 설명으로 옳은 것은?

① 소내근무자는 근무 중 특이한 사항이 발생하였을 때에는 지체 없이 청원주 또는 시·도경찰청장에게 보고하고 그 지시에 따라야 한다.
② 대기근무자는 입초근무에 협조하거나 휴식하면서 불의의 사고에 대비한다.
③ 순찰근무자는 청원주가 지정한 일정한 구역을 단독 또는 복수로 난선순찰을 하되, 청원주가 필요하다고 인정할 때에는 정선순찰 또는 요점순찰을 할 수 있다.
④ 입초근무자는 경비구역의 정문이나 그 밖의 지정된 장소에서 경비구역의 내부, 외부 및 출입자의 움직임을 감시한다.

정답 ④

문3 청원경찰법령상 급여품과 대여품에 관한 설명으로 옳지 않은 것은?

① 근무복과 기동화는 청원경찰에게 지급하는 급여품에 해당한다.
② 청원경찰에게 지급하는 대여품에는 허리띠, 경찰봉, 가슴표장, 분사기, 포승이 있다.
③ 급여품 중 호루라기, 방한화, 장갑의 사용기간은 2년이다.
④ 청원경찰이 퇴직할 때에는 급여품과 대여품을 청원주에게 반납하여야 한다.

정답 ④

문4 청원경찰법령상 청원경찰의 근무요령에 관한 설명으로 옳지 않은 것은?

① 대기근무자는 소내근무에 협조하거나 휴식하면서 불의의 사고에 대비한다.
② 자체경비를 하는 입초근무자는 경비구역의 정문이나 그 밖의 지정된 장소에서 경비구역의 내부, 외부 및 출입자의 움직임을 감시한다.
③ 업무처리 및 자체경비를 하는 소내근무자는 근무 중 특이한 사항이 발생하였을 때에는 지체 없이 청원주 또는 관할 경찰서장에게 보고하고 그 지시에 따라야 한다.
④ 순찰근무자는 청원주가 지정한 일정한 구역을 요점순찰을 하되, 청원주가 필요하다고 인정할 때에는 정선순찰을 할 수 있다.

정답 ④

문5 청원경찰법령에 관한 설명으로 옳지 않은 것은?

① 청원경찰의 신분증명서는 청원주가 발행하며, 그 형식은 시·도경찰청장이 결정한다.
② 청원주는 소속 청원경찰에게 그 직무집행에 필요한 교육을 매월 4시간 이상 하여야 한다.
③ 청원경찰이 퇴직할 때에는 대여품을 청원주에게 반납하여야 한다.
④ 청원경찰은 국내 주재 외국기관에도 배치될 수 있다.

정답 ①

문6 청원경찰법령상 청원경찰에 관한 설명으로 옳은 것은?

① 청원경찰의 복무에 관하여는 지방공무원법에 관한 규정을 준용한다.
② 지방자치단체에 근무하는 청원경찰의 직무상 불법행위에 대한 배상책임에 관하여는 민법의 규정에 의한다.
③ 청원주는 형사사건으로 조사대상이 된 자에게는 무기 및 탄약을 지급하여서는 아니 된다.
④ 경찰서장은 관할 청원경찰에 대하여 그 직무집행에 관하여 필요한 교육을 매월 4시간 이상 실시하여야 한다.

정답 ③

제15조(무기대여 신청서) 영 제16조제1항에 따른 무기대여 신청은 별지 제5호서식에 따른다.
제16조(무기관리수칙) ① 영 제16조에 따라 무기와 탄약을 대여 받은 청원주는 다음 각 호에 따라 무기와 탄약을 관리해야 한다.

1. 청원주가 무기와 탄약을 대여받았을 때에는 **'경찰청장'**이 정하는 무기·탄약 출납부 및 무기장비 운영카드를 갖춰 두고 기록하여야 한다.
  2. 청원주는 무기와 탄약의 관리를 위하여 **관리책임자를 지정하고 관할 경찰서장에게 그 사실을 통보**하여야 한다.
  3. **무기고 및 탄약고는 단층에 설치**하고 환기·방습·방화 및 총받침대 등의 시설을 갖추어야 한다.
  4. **탄약고는 무기고와 떨어진 곳에 설치**하고, 그 위치는 사무실이나 그 밖에 여러 사람을 수용하거나 여러 사람이 오고 가는 시설로부터 격리되어야 한다.
  5. 무기고와 탄약고에는 이중 잠금장치를 하고, 열쇠는 '관리책임자'가 보관하되, 근무시간 이후에는 '숙직책임자'에게 인계하여 보관시켜야 한다.
  6. 청원주는 경찰청장이 정하는 바에 따라 매월 무기와 탄약의 관리 실태를 파악하여 **다음 달 3일까지 관할 경찰서장에게 통보**하여야 한다.
  7. 청원주는 대여 받은 무기와 탄약이 분실되거나 도난당하거나 빼앗기거나 훼손되는 등의 사고가 발생했을 때에는 **지체 없이 그 사유를 관할 '경찰서장'에게 통보**해야 한다.
  8. 청원주는 무기와 탄약이 분실되거나 도난당하거나 빼앗기거나 훼손되었을 때에는 **'경찰청장'이 정하는 바에 따라 그 전액을 배상해야 한다.** 다만, 전시·사변·천재지변이나 그 밖의 불가항력적인 사유가 있다고 **'시·도경찰청장'**이 인정하였을 때에는 그렇지 않다. → *주체가 다름에 주의할 것!

② 영 제16조에 따라 무기와 탄약을 대여 받은 청원주가 청원경찰에게 무기와 탄약을 출납하려는 경우에는 다음 각 호에 따라야 한다. 다만, **관할 경찰서장의 지시에 따라** 제2호에 따른 탄약의 수를 늘리거나 줄일 수 있고, 무기와 탄약의 출납을 중지할 수 있으며, 무기와 탄약을 회수하여 집중 관리할 수 있다.

  1. 무기와 탄약을 출납하였을 때에는 무기·탄약 출납부에 그 출납사항을 기록하여야 한다.
  2. 소총의 탄약은 1정당 15발 이내, 권총의 탄약은 1정당 7발 이내로 출납하여야 한다. 이 경우 생산된 후 오래된 탄약을 우선하여 출납하여야 한다.
  3. **청원경찰에게 지급한 무기와 탄약은 매주 1회 이상 손질하게 하여야 한다.**
  4. 수리가 필요한 무기가 있을 때에는 그 목록과 무기장비 운영카드를 첨부하여 **관할 경찰서장에게 수리를 요청할 수 있다.**

③ 청원주로부터 무기와 탄약을 지급받은 청원경찰은 다음 각 호의 사항을 준수하여야 한다.

  1. 무기를 지급받거나 반납할 때 또는 인계인수할 때에는 반드시 "앞에 총" 자세에서 "검사 총"을 하여야 한다.
  2. 무기와 탄약을 지급받았을 때에는 별도의 지시가 없으면 무기와 탄약을 분리하여 휴대하여야 하며, 소총은 "우로 어깨 걸어 총"의 자세를 유지하고, 권총은 "권총집에 넣어 총"의 자세를 유지하여야 한다.
  3. 지급받은 무기는 다른 사람에게 보관 또는 휴대하게 할 수 없으며 손질을 의뢰할 수 없다.
  4. 무기를 손질하거나 조작할 때에는 반드시 총구를 공중으로 향하게 하여야 한다.
  5. 무기와 탄약을 반납할 때에는 손질을 철저히 하여야 한다.
  6. 근무시간 이후에는 무기와 탄약을 청원주에게 반납하거나 교대근무자에게 인계하여야 한다.

④ 청원주는 다음 각 호의 어느 하나에 해당하는 청원경찰에게 무기와 탄약을 지급해서는 안 되며, 지급한 무기와 탄약은 즉시 회수해야 한다.
  1. 직무상 비위(非違)로 징계 대상이 된 사람
  2. 형사사건으로 조사 대상이 된 사람
  3. <u>사직 의사를 밝힌 사람</u>
  4. 치매, 조현병, 조현정동장애, 양극성 정동장애(조울병), 재발성 우울장애 등의 정신질환으로 인하여 무기와 탄약의 휴대가 적합하지 않다고 해당 분야 전문의가 인정하는 사람
  5. 제1호부터 제4호까지의 규정 중 어느 하나에 <u>준하는</u> 사유로 청원주가 무기와 탄약을 지급하기에 적절하지 않다고 인정하는 사람 → *주벽이 심한 사람

⑤ 청원주는 제4항에 따라 무기와 탄약을 지급하지 않거나 회수할 때에는 별지 제5호의2서식의 결정 통지서를 작성하여 지체 없이 해당 청원경찰에게 통지해야 한다. 다만, 지급한 무기와 탄약의 신속한 회수가 필요하다고 인정되는 경우에는 무기와 탄약을 먼저 회수한 후 통지서를 내줄 수 있다.

⑥ 청원주는 제4항에 따라 청원경찰에게 **무기와 탄약을 지급하지 않거나 회수한 경우 7일 이내에** 관할 경찰서장에게 별지 제5호의3서식의 결정 통보서를 작성하여 통보해야 한다.

⑦ 제6항에 따라 **통보를 받은 관할 경찰서장은 통보받은 날부터 14일 이내에 무기와 탄약의 지급 제한 또는 회수의 적정성을 판단하기 위해 현장을 방문**하여 해당 청원경찰의 의견을 청취하고 필요한 조치를 할 수 있다.

⑧ 청원주는 제4항 각 호의 사유가 소멸하게 된 경우에는 청원경찰에게 무기와 탄약을 지급할 수 있다.

문1 청원경찰법령상 무기관리수칙에 관한 설명으로 옳지 <u>않은</u> 것은?

① 청원주가 무기와 탄약을 대여 받았을 때에는 경찰청장이 정하는 무기·탄약 출납부 및 무기장비 운영카드를 갖춰 두고 기록하여야 한다.
② 청원주는 무기와 탄약이 분실되었을 때에는 경찰청장이 정하는 바에 따라 그 전액을 배상하여야 하지만, 전시·사변·천재지변이나 그 밖의 불가항력적인 사유가 있다고 경찰청장이 인정하였을 때에는 그렇지 않다.
③ 청원주로부터 무기와 탄약을 지급받은 청원경찰은 무기를 지급받거나 반납할 때에는 반드시 "앞에 총" 자세에서 "검사 총"을 하여야 한다.
④ 청원주는 사직 의사를 밝힌 청원경찰에게 무기와 탄약을 지급해서는 안 되며, 지급한 무기와 탄약을 즉시 회수해야 한다.

정답 ②

문2 청원경찰법령상 무기관리수칙에 관한 설명으로 옳지 않은 것은?

① 무기고와 탄약고에는 이중 잠금장치를 하고, 열쇠는 관리책임자가 보관하되, 근무시간 이후에는 숙직책임자에게 인계하여 보관시켜야 한다.
② 소총의 탄약은 1정당 10발 이내, 권총의 탄약은 1정당 5발 이내로 출납하여야 한다.
③ 청원주는 무기와 탄약이 분실되거나 도난당하거나 빼앗기거나 훼손되었을 때에는 경찰청장이 정하는 바에 따라 그 전액을 배상하는 것이 원칙이다.
④ 청원경찰에게 지급한 무기와 탄약은 매주 1회 이상 손질하게 하여야 한다.

 ②

문3 청원경찰법령상 무기와 탄약을 지급받은 청원경찰의 준수사항으로 옳지 않은 것은?

① 무기를 지급받거나 반납할 때 또는 인계인수할 때에는 반드시 "앞에 총" 자세에서 "검사 총"을 하여야 한다.
② 무기와 탄약을 지급받았을 때에는 별도의 지시가 없으면 무기와 탄약을 분리하여 휴대하여야 한다.
③ 지급받은 무기는 다른 사람에게 보관 또는 휴대하게 할 수 없으며 손질을 의뢰할 수 없다.
④ 근무시간 이후에는 무기와 탄약을 관리책임자에게 반납하여야 한다.

 ④

문4 청원경찰법령상 청원주의 무기관리수칙에 관한 설명으로 옳은 것은?

① 탄약고는 무기고와 떨어진 곳에 설치하고, 그 위치는 사무실이나 그 밖에 여러 사람을 수용하거나 여러 사람이 오고 가는 시설로부터 인접해 있어야 한다.
② 무기와 탄약을 대여받았을 때에는 시·도경찰청장이 정하는 무기·탄약출납부 등을 갖춰 두고 기록하여야 한다.
③ 대여 받은 무기와 탄약에 분실·도난 등의 사고가 발생하였을 때에는 지체 없이 그 사유를 관할 경찰서장에게 통보하여야 한다.
④ 청원경찰에게 지급한 무기와 탄약은 매월 1회 이상 손질하게 하여야 한다.

 ③

문5 청원경찰법령상 무기관리수칙에 관한 설명으로 옳지 않은 것은?

① 청원주는 대여 받은 무기와 탄약이 분실되거나 도난당하거나 빼앗기거나 훼손되는 등의 사고가 발생했을 때에는 지체 없이 그 사유를 관할 시·도경찰청장에게 통보해야 한다.
② 청원주가 무기와 탄약을 대여받았을 때에는 경찰청장이 정하는 무기·탄약출납부 및 무기장비 운영카드를 갖춰 두고 기록하여야 한다.
③ 청원주는 수리가 필요한 무기가 있을 때에는 그 목록과 무기장비 운영카드를 첨부하여 관할 경찰서장에게 수리를 요청할 수 있다.
④ 청원주는 주벽이 심한 청원경찰에게 무기와 탄약을 지급해서는 아니 되며, 지급한 무기와 탄약은 회수하여야 한다.

정답 ①

제17조(문서와 장부의 비치) ① 청원주는 다음 각 호의 문서와 장부를 갖춰 두어야 한다.
 1. 청원경찰 명부 → *(공통 : 청원주와 관할 경찰서장)
 2. 근무일지
 3. 근무 상황카드
 4. **경비구역 배치도**
 5. 순찰표철
 6. 무기·탄약 출납부
 7. 무기장비 운영카드
 8. 봉급지급 조서철
 9. 신분증명서 발급대장
 10. 징계 관계철
 11. 교육훈련 실시부 → *(공통 : 청원주와 관할 경찰서장)
 12. 청원경찰 직무교육계획서
 13. 급여품 및 대여품 대장
 14. 그 밖에 청원경찰의 운영에 필요한 문서와 장부

② 관할 경찰서장은 다음 각 호의 문서와 장부를 갖춰 두어야 한다.
 1. 청원경찰 명부 → *(공통 : 청원주와 관할 경찰서장)
 2. 감독 순시부
 3. 전출입 관계철 → **(공통 : 관할 경찰서장과 시·도경찰청장)
 4. 교육훈련 실시부 → *(공통 : 청원주와 관할 경찰서장)
 5. 무기·탄약 대여대장

6. 징계요구서철
7. 그 밖에 청원경찰의 운영에 필요한 문서와 장부

③ 시·도경찰청장은 다음 각 호의 문서와 장부를 갖춰 두어야 한다.
1. 배치 결정 관계철
2. 청원경찰 임용승인 관계철
3. 전출입 관계철 → **(공통 : 관할 경찰서장과 시·도경찰청장)
4. 그 밖에 청원경찰의 운영에 필요한 문서와 장부

④ 제1항부터 제3항까지의 규정에 따른 문서와 장부의 서식은 경찰관서에서 사용하는 서식을 준용한다.

문1 청원경찰법령상 관할 경찰서장이 갖춰 두어야 할 문서와 장부로 옳지 않은 것은?

① 청원경찰 명부
② 감독 순시부
③ 교육훈련 실시부
④ 배치 결정 관계철

정답 ④

문2 청원경찰법령상 청원주가 갖추어야 할 문서와 장부가 아닌 것은?

① 청원경찰 임용승인 관계철
② 청원경찰 명부
③ 경비구역 배치도
④ 무기·탄약 출납부

정답 ①

문3 청원경찰법령상 청원주와 관할 경찰서장이 공통적으로 갖춰 두어야 할 문서와 장부로 옳은 것은?

① 무기·탄약 출납부
② 교육훈련 실시부
③ 무기장비 운영카드
④ 무기·탄약 대여대장

정답 ②

문4 청원경찰법령상 관할 경찰서장이 갖춰 두어야 할 문서와 장부가 <u>아닌</u> 것은?

① 청원경찰 명부
② 전출입 관계철
③ 교육훈련 실시부
④ 청원경찰 임용승인 관계철

정답 ④

문5 청원경찰법령상 시·도경찰청장과 관할경찰서장이 모두 배치해야 할 장부 등으로 옳은 것은?

① 전출입 관계철
② 교육훈련 실시부
③ 청원경찰 명부
④ 배치 결정 관계철

정답 ①

문6 청원경찰법령상 청원주가 비치하여야 할 문서와 장부가 <u>아닌</u> 것은?

① 경비구역 배치도
② 징계관계철
③ 교육훈련 실시부
④ 감독순시부

정답 ④

문7 청원경찰법령상 관할 경찰서장과 청원주가 공통으로 비치해야 할 문서와 장부에 해당하는 것은?

① 전출입 관계철
② 교육훈련 실시부
③ 신분증명서 발급대장
④ 경비구역 배치도

정답 ②

문8 청원경찰법령상 청원주가 비치해야 할 문서와 장부에 해당하는 것은?

① 감독 순시부, 징계요구서철
② 경비구역 배치도, 교육훈련 실시부
③ 무기·탄약 대여대장, 전출입 관계철
④ 배치 결정 관계철, 청원경찰 임용승인 관계철

정답 ②

문9 청원경찰법령상 청원주와 관할 경찰서장이 공통적으로 비치해야 할 문서와 장부에 해당하는 것은?

① 청원경찰 명부
② 무기·탄약 출납부
③ 전출입 관계철
④ 징계 관계철

정답 ①

문10 청원경찰법령상 청원주가 갖추어 두어야 할 문서와 장부에 해당하는 것을 모두 고른 것은?

> ㄱ. 청원경찰 명부
> ㄴ. 경비구역 배치도
> ㄷ. 청원경찰 직무교육계획서
> ㄹ. 전출입 관계철

① ㄱ, ㄷ
② ㄱ, ㄴ, ㄷ
③ ㄱ, ㄴ, ㄹ
④ ㄴ, ㄷ, ㄹ

정답 ②

제18조(표창) 시·도경찰청장, 관할 경찰서장 또는 **청원주**는 청원경찰에게 다음 각 호의 구분에 따라 표창을 수여할 수 있다. → *경찰청장(×)
  1. 공적상 : 성실히 직무를 수행하여 근무성적이 탁월하거나 헌신적인 봉사로 특별한 공적을 세운 경우
  2. 우등상 : 교육훈련에서 교육성적이 우수한 경우

제19조(감독자의 지정) ① 2명 이상의 청원경찰을 배치한 사업장의 청원주는 청원경찰의 지휘·감독을 위하여 **청원경찰 중에서 유능한 사람**을 선정하여 감독자로 지정하여야 한다. → *경력이 많은 자, 연장자(×)

② 제1항에 따른 감독자는 조장, 반장 또는 대장으로 하며, 그 지정기준은 별표 4와 같다.

제20조(경비전화의 가설) ① 관할 경찰서장은 청원주의 신청에 따라 경비를 위하여 필요하다고 인정할 때에는 청원경찰이 배치된 사업장에 경비전화를 가설할 수 있다.

② 제1항에 따라 경비전화를 가설할 때 드는 비용은 청원주가 부담한다.

제21조(주의사항) ① 청원경찰이 법 제3조에 따른 직무를 수행할 때에는 경비 목적을 위하여 **필요한 최소한의 범위에서** 하여야 한다. → *최대한의 범위에서(×)

② 청원경찰은 「경찰관 직무집행법」에 따른 직무 외의 수사활동 등 사법경찰관리의 직무를 수행해서는 아니 된다.

제22조(보고) 청원경찰이 법 제3조에 따라 직무를 수행할 때에 「**경찰관 직무집행법**」 및 같은 법 시행령에 따라 하여야 할 모든 보고는 관할 '**경찰서장**'에게 서면으로 보고하기 전에 지체 없이 **구두로** 보고하고 그 지시에 따라야 한다.

문1 청원경찰법령상 청원경찰의 직무와 표창에 관한 설명으로 옳지 <u>않은</u> 것은?

① 청원경찰은 청원경찰법 제3조에 따른 직무를 수행할 때에는 경비 목적을 위하여 필요한 최대한의 범위에서 하여야 한다.
② 청원경찰은 「경찰관 직무집행법」에 따른 직무 외의 수사 활동 등 사법경찰관리의 직무를 수행해서는 아니 된다.
③ 청원주는 헌신적인 봉사로 특별한 공적을 세운 청원경찰에게 공적상을 수여할 수 있다.
④ 관할 경찰서장은 교육훈련에서 교육 성적이 우수한 청원경찰에게 우등상을 수여할 수 있다.

정답 ①

문2 청원경찰법령상 청원경찰의 직무 및 배치에 관한 설명으로 옳지 <u>않은</u> 것은?

① 청원경찰을 배치받으려는 자는 관할 시·도경찰청장에게 청원경찰 배치를 신청해야 한다.
② 시·도경찰청장은 청원경찰 배치 신청을 받으면 지체 없이 그 배치 여부를 결정하여 신청인에게 알려야 한다.
③ 청원경찰이 직무를 수행할 때 경찰관 직무집행법령에 따라 하여야 할 모든 보고는 관할 시·도경찰청장에게 서면으로 해야 한다.
④ 시·도경찰청장은 청원경찰 배치가 필요하다고 인정하는 기관의 장에게 청원경찰을 배치할 것을 요청할 수 있다.

정답 ③

문3 청원경찰법령상 내용으로 옳지 않은 것은?

① 2명 이상의 청원경찰을 배치한 사업장의 청원주는 청원경찰의 지휘·감독을 위하여 청원경찰 중에서 유능한 사람을 선정하여 감독자로 지정하여야 한다.
② 관할 경찰서장은 청원주의 신청에 따라 경비를 위하여 필요하다고 인정할 때에는 청원경찰이 배치된 사업장에 경비전화를 가설할 수 있으며, 가설에 드는 비용은 관할 경찰서장이 부담한다.
③ 청원경찰이 직무를 수행할 때에는 경비목적을 위하여 필요한 최소한의 범위에서 하여야 한다.
④ 시·도경찰청장, 관할 경찰서장 또는 청원주는 청원경찰에게 표창을 수여할 수 있다.

정답 ②

문4 청원경찰법령상 표창에 관한 설명으로 옳지 않은 것은?

① 경찰청장은 성실히 직무를 수행하여 근무성적이 탁월하거나 헌신적인 봉사로 특별한 공적을 세운 청원경찰에게 공적상을 수여할 수 있다.
② 청원주는 성실히 직무를 수행하여 근무성적이 탁월한 청원경찰에게 공적상을 수여할 수 있다.
③ 관할 경찰서장은 헌신적인 봉사로 특별한 공적을 세운 청원경찰에게 공적상을 수여할 수 있다.
④ 시·도경찰청장은 교육훈련에서 교육 성적이 우수한 청원경찰에게 우등상을 수여할 수 있다.

정답 ①

제23조(청원경찰 배치의 폐지·감축 통보) 법 제10조의5제2항에 따른 청원경찰 배치의 폐지 또는 감축의 통보는 별지 제6호서식에 따른다.

제24조(과태료 부과 고지서 등) ① 법 제12조제1항에 따른 과태료 부과의 사전 통지는 별지 제7호서식의 과태료 부과 사전 통지서에 따른다.
② 법 제12조제1항에 따른 과태료의 부과는 별지 제8호서식의 과태료 부과 고지서에 따른다.
③ **경찰서장**은 과태료처분을 하였을 때에는 과태료 부과 및 징수 사항을 별지 제9호서식의 **과태료 수납부에 기록하고 정리**하여야 한다. → *시·도경찰청장(×)

[별표1] 청원경찰의 교육과목 및 수업시간표(제6조 관련)

■ 청원경찰법 시행규칙 [별표 1]

청원경찰의 교육과목 및 수업시간표(제6조 관련)

학과별 (*76시간)		과목	시간
정신교육		정신교육	8
학술교육		형사법	10
		청원경찰법	5
실무교육 (*44시간)	경무	경찰관직무집행법	5
	방범	방범업무	3
		경범죄처벌법	2
	경비	시설경비	6
		소방	4
	정보	대공이론	2
		불심검문	2
	민방위	민방공	3
		화생방	2
	기본훈련		5
	총기조작		2
	총검술		2
	사격		6
술과		체포술 및 호신술	6
기타		입교·수료 및 평가	3

문1 청원경찰법령상 청원경찰을 배치하기 전에 직무수행에 필요한 교육의 내용으로 옳지 않은 것은?

① 학술교육은 형사법 10시간, 청원경찰법 5시간을 이수하여야 한다.
② 실무교육은 경범죄처벌법 및 사격 과목 등을 포함하여 40시간을 이수하여야 한다.
③ 정신교육은 정신교육 과목을 8시간 이수하여야 한다.
④ 술과는 체포술 및 호신술 6시간과 입교수료 및 평가 3시간을 이수하여야 한다.

[정답] ②

문2 청원경찰법령상 청원경찰로 임용이 된 경우에 이수하여야 할 교육과목과 수업시간으로 옳지 않은 것은? (단, 교육면제자는 고려하지 않는다)

① 형사법 – 5시간
② 청원경찰법 – 5시간
③ 경찰관직무집행법 – 5시간
④ 시설경비 – 6시간

[정답] ①

문3 청원경찰법령상 청원경찰의 교육에 관한 내용으로 옳은 것을 모두 고른 것은?

> ㄱ. 청원경찰에서 퇴직한 자가 퇴직한 날부터 3년 이내에 청원경찰로 임용되었을 때에는 경비구역에 배치하기 전에 경찰교육기관에서 시행하는 직무수행에 필요한 교육을 면제할 수 있다.
> ㄴ. 청원경찰로 임용된 자가 받는 교육과목 중 학술교육과목으로 형사법, 청원경찰법이 있다.
> ㄷ. 청원경찰로 임용된 자가 경찰교육기관에서 받는 직무수행에 필요한 교육의 기간은 4주로 한다.
> ㄹ. 청원주는 소속 청원경찰에게 그 직무집행에 필요한 교육을 매년 4시간 이상 하여야 한다.

① ㄱ, ㄴ
② ㄱ, ㄷ
③ ㄴ, ㄷ
④ ㄷ, ㄹ

[정답] ①

■ 청원경찰법 시행규칙 [별표 2]

청원경찰 급여품표(제12조 관련)

품명	수량	사용기간	정기지급일
근무복(하복)	1	1년	5월 5일
근무복(동복)	1	1년	9월 25일
한여름 옷	1	1년	6월 5일
외투·방한복 또는 점퍼	1	2~3년	9월 25일
기동화 또는 단화	1	단화 1년 기동화 2년	9월 25일
비옷	1	3년	5월 5일
정모	1	3년	9월 25일
기동모	1	3년	필요할 때
기동복	1	2년	필요할 때
방한화	1	2년	9월 25일
장갑	1	2년	9월 25일
호루라기	1	2년	9월 25일

■ 청원경찰법 시행규칙 [별표 3]

청원경찰 대여품표(제12조 관련) → *허리/분/포/가슴/봉

품 명	수 량
허리띠	1
경찰봉	1
가슴표장	1
분사기	1
포승	1

[별표4] 감독자 지정기준(제19조제2항 관련)

■ 청원경찰법 시행규칙 [별표 4]

감독자 지정기준(제19조제2항 관련)

근무인원	직급별 지정기준		
	대장	반장	조장
9명까지			1명
10명 이상 29명 이하		1명	2 ~ 3명
30명 이상 40명 이하		1명	3 ~ 4명
41명 이상 60명 이하	1명	2명	6명
61명 이상 120명 이하	1명	4명	12명

문1 청원경찰법령상 사업장의 청원주가 감독자 지정기준에 의할 때 근무인원이 100명일 경우 대장, 반장, 조장의 인원을 순서대로 나열한 것은?

① 0명, 1명, 4명
② 1명, 2명, 6명
③ 1명, 4명, 12명
④ 1명, 6명, 15명

정답 ③

문2 청원경찰법령상 청원경찰의 지휘·감독을 위한 감독자 지정기준에 관한 설명으로 옳지 않은 것은?

① 근무인원이 9명인 경우 반장 1명을 지정하여야 한다.
② 근무인원이 30명인 경우 반장 1명, 조장 3~4명을 지정하여야 한다.
③ 근무인원이 60명인 경우 대장 1명, 반장 2명, 조장 6명을 지정하여야 한다.
④ 근무인원이 100명인 경우 대장 1명, 반장 4명, 조장 12명을 지정하여야 한다.

정답 ①

문3 청원경찰법령상 감독자 지정기준에 관한 내용으로 옳은 것은?

① 근무인원이 10명 이상 29명 이하 : 반장 1명, 조장 1명
② 근무인원이 30명 이상 40명 이하 : 반장 1명, 조장 3~4명
③ 근무인원이 41명 이상 60명 이하 : 대장 1명, 반장 2명, 조장 4~5명
④ 근무인원이 61명 이상 120명 이하 : 대장 1명, 반장 3명, 조장 10명

정답 ②

문4 청원경찰법령상 청원경찰의 배치 근무인원별 감독자 지정기준으로 옳지 않은 것은?

① 근무인원 7명 : 조장 1명
② 근무인원 37명 : 반장 1명, 조장 5명
③ 근무인원 57명 : 대장 1명, 반장 2명, 조장 6명
④ 근무인원 97명 : 대장 1명, 반장 4명, 조장 12명

정답 ②

청원경찰 공채·경력채용 및 경비지도사 시험 대비

시험 꼭!
청원경찰법

초판 1쇄 발행 2025년 11월 20일

편저 정명재
발행인 공태현 **발행처** (주)법률저널
등록일자 2008년 9월 26일 **등록번호** 제15-605호
주소 151-862 서울 관악구 복은4길 50 (서림동 120-32)
대표전화 02)874-1144 **팩스** 02)876-4312
홈페이지 www.lec.co.kr
ISBN 979-11-7384-073-9 (13360)
정가 12,000원